高山正也・植松貞夫　監修
現代図書館情報学シリーズ…7
三訂

情報サービス演習

原田 智子
［編著］

江草 由佳・小山 憲司
［著］

樹村房

監修者の言葉

　わが国に近代的な図書館学が紹介されたのは19世紀末頃と考えられるが，図書館学，図書館情報学が本格的に大学で教育・研究されるのは1950年に成立した図書館法による司書養成制度を受けての1951年からであった。それから数えても，既に半世紀以上の歴史を有する。この間，図書館を取り巻く社会，経済，行政，技術等の環境は大きく変化した。それに応じて，図書館法と図書館法施行規則は逐次改定されてきた。その結果，司書養成科目も1950年の図書館法施行規則以来数度にわたって改変を見ている。

　それは取りも直さず，わが国の健全な民主主義発展の社会的基盤である図書館において，出版物をはじめ，種々の情報資源へのアクセスを保証する最善のサービスを提供するためには，その時々の環境に合わせて図書館を運営し，指導できる有能な司書の存在が不可欠であるとの認識があるからに他ならない。

　2012(平成24)年度から改定・施行される省令科目は，1997年度から2011年度まで実施されてきた科目群を基礎とし，15年間の教育実績をふまえ，その間の図書館環境の変化を勘案し，修正・変更の上，改めたものである。この間に，インターネット利用の日常生活への浸透，電子メールやツイッター，ブログ等の普及，情報流通のグローバル化，電子出版やデジタル化の進展，公的サービス分野での市場化の普及などの変化が社会の各層におよび，結果として図書館活動を取り巻く環境や利用者の読書と情報利用行動等にも大きな構造的な変化をもたらした。この結果，従来からの就職市場の流動化や就業構造の変化等に伴い，司書資格取得者の図書館への就職率が大きく低下したことも率直に認めざるを得ない。

　このような変化や時代的要請を受けて，1997年版の省令科目の全面的な見直しが行われた結果，新たな科目構成と単位数による新省令科目が決定され，変化した図書館を取り巻く環境にも十分適応できるように，司書養成の内容が一新されることとなった。そこで，樹村房の「新・図書館学シリーズ」もその改定に合わせ内容を全面的に改編し，それに合わせて，「現代図書館情報学シリーズ」と改称して新発足することとなった。

　「図書館学シリーズ」として発足し，今回「現代図書館情報学シリーズ」と改めた本教科書シリーズは，幸いにして，1981（昭和56）年の創刊以来，樹村房の教科書として抜群の好評を博し，実質的にわが国図書館学，図書館情報学の標準的教科書として版を重ねてきた実績をもつ。これもひとえに，本シリーズをご利用いただいた読者各位からのご意見やお励ましと，執筆者各位の熱意の賜物と考えている。

　監修にあたって心がけたのは，この「現代図書館情報学シリーズ」で司書資格を得た人たちが図書館で働き続ける限り，その職能観の基礎として準拠しうる図書館情報学観を習得してもらえる内容の教科書を作ろうということであった。すなわち，「図書館学は実学である」との理念のもとに，アカデミズムのもつ概念的内容とプロフェッショナリズムのもつ実証的技術論を融合することであった。そのこと自体がかなり大きな課題となるとも想定されたが極力，大学の学部課程での授業を想定し，その枠内に収まるように，その内容の広がりと深さを調整したつもりである。一方で，できる限り，新たな技術や構想等には配慮し，養成される司書が将来志向的な視野を維持できるよう努力したつもりでもある。これに加えて，有能な司書養成のために，樹村房の教科書シリーズでは各巻が単独著者による一定の思想や見方，考え方に偏重した執筆内容となることを防ぐべく，各巻ともに，複数著者による共同執筆の体制をとることで，特定の思想や価値観に偏重することなく，均衡ある著述内容となることをこのシリーズにおいても踏襲している。

　本シリーズにおける我々の目標は決して学術書として新規な理論の展開を図ることではない。司書養成現場における科目担当者と受講者の将来の図書館への理想と情熱が具体化できる教材を目指している。その意味で，本シリーズは単に司書資格取得を目指す学生諸君のみならず，現職の図書館職員の方々や，図書館情報学を大学（院）等で研究する人たちにも役立つ内容をもつことができたと自負している。読者各位からの建設的なご意見やご支援を心からお願い申し上げます。

　　2011年2月

　　　　　　　　　　　　　　　　　　　　　　　　　　監 修 者

三訂の序

　情報通信技術（ICT）社会に生きる現代人は，何かわからないことや興味ある事柄について知りたいとき，検索エンジンを利用する人が多くなっている。自分で「探す」「調べる」ことは大いに歓迎すべきことであるが，信頼性の高い正確な情報にたどり着くには，きちんとした学習が必要である。一方で，自分が欲しい情報にうまくたどり着けずに困っている人も少なからずいることも見逃せない事実である。このようなとき，図書館のレファレンスサービスを利用しようと思う人はどのくらいいるだろうか。図書館には，さまざまな情報資源やその活用法に精通した司書がいることを忘れてはならない。本書は，その司書を養成する科目の一つである「情報サービス演習」の教科書として執筆したものである。

　2012（平成24）年から施行されている省令科目「情報サービス演習」の科目内容に沿って，同年に初版を刊行し，その4年後の2016（平成28）年に改訂版を刊行した。改訂版では，その当時の最新の情報資源を確認して見直しを図ったが，それから5年が経過した現在，出版やサービスを停止したり，内容が変更されたりした情報資源も多くみられるようになった。一方で新たにサービスを開始した情報資源もある。このような状況から，本書の構成および執筆者は初版から継続したままとし，改訂版に収録したすべてのレファレンスブックスとウェブ情報資源について最新情報を確認するとともに，必要と思われる新規の情報資源を収録対象に加えた。

　大学における司書養成のための演習科目の教科書という観点から，本書に収録している情報資源は，「改訂の序」でも既述したように，主要なレファレンスブックス，信頼性が高く無料で使用できるウェブ情報資源，有料であるが大学図書館や都道府県立・市立図書館等で使用できる商用データベースを中心に選定している。なお，紙面の都合上，掲載できる情報資源には限りがあるため，状況に応じて演習される図書館で所蔵する個々の情報資源についても紹介していただければ幸いである。

　本書は，「情報サービス論」で学習した内容を，実践的に演習できるように，

各章で必要に応じて例題を設けている。とくにⅡ部では，3章から12章で学習した内容をさらに深く演習できるように，13章にまとめて演習問題を掲載している。多様化する情報メディアを活用できる「探索・検索スキル」を身に着けられるようにご指導いただければと思う。

　2020（令和2）年から現在に至るまで，世界中で新型コロナウイルス感染症（COVID-19）が猛威をふるい，図書館利用もかなりの制限を受けることになった。とくにレファレンスサービスや参考図書コーナーの利用制限も余儀なくされる状況になった。来館による対面方式のレファレンスサービスが制限される中においては，非対面方式の郵送・電話・FAX・デジタルレファレンスによるサービスが効果を発することになる。このようなとき，本書15章で紹介している「発信型情報サービス」の充実と活用が今まで以上に重要になってくるであろう。主要なレファレンスブックスでも，すべて電子化されているわけではないため，図書館に行かなければ実物を見ることができない場合もある。入館制限や入館時間に制限がかかる中，印刷物からウェブ情報資源まで多様な情報資源に精通した司書がますます求められているのが現状である。本書を通じて実践的な知識とスキルが身に着けられることを願っている。

　三訂版刊行にあたっては，監修の高山正也先生と植松貞夫先生に感謝申し上げる。樹村房の大塚栄一社長と編集部の石村早紀氏には，できるだけ最新情報を盛り込みたいという著者・編者の気持ちを汲み取っていただき，細かい作業にも辛抱強くお付き合いいただいたことに深く感謝申し上げる。本書をご採用いただいている先生方には，引き続き忌憚のないご意見やお気づきの点等をご教示いただければ幸いである。

　　2021年2月11日

編集責任者　原田　智子

改訂の序

　インターネットが広く一般の人々にも使用されるようになって20年余が経過
し，図書館における利用者への情報サービスも情報通信技術（ICT）時代にふ
さわしい対応が今まで以上に求められている。

　2012(平成24)年から施行されている新省令科目「情報サービス演習」の科目
内容に沿って作成された本書は，2012年に初版を刊行して早いもので4年が経
過した。4年も経過すると特にウェブ情報資源については，すでにサービスを
終了したもの，別のサービスに統合されたものも多くなっている。ウェブサイ
トは常に流動的であるため，本書に示したウェブ情報資源検索画面等の変更も
散見されるようになった。同様に，レファレンスブックスについても，新刊書
の出版や改訂が行われているものが出てきている。

　そこで，本書の構成および執筆担当章は初版と同一とし，初版に収載した情
報資源をすべて見直して，できるだけ最新の状況に即した情報資源の内容に改
め，ここに改訂版を刊行するに至った。初版の序でも述べたように，大学での
司書養成のための教科書という観点から，掲載情報資源は主要なレファレンス
ブックス，信頼性の高い無料で使用できるウェブ情報資源，および有料である
が大学図書館や都道府県・市立図書館等で使用できる商用データベースを中心
に選定している。しかし，本書における紙面の都合上，レファレンスツールを
十分に掲載することができないため，状況に応じて演習される図書館で所蔵す
る個々のレファレンスツールの活用も紹介していただければと思う。

　本書は演習科目用の教科書であるため，例題でその検索方法を具体的に紹介
するとともに，13章にまとめてレファレンスの演習問題を掲載している。今回
の改訂では，レファレンスツールの変更やウェブ情報資源の検索機能の変更等
にともない，演習問題についても見直しを行い，それらのいくつかは改訂した。

　実際の演習では，印刷物も電子メディアも両方を使用して問題に取り組める
ように配慮しているので，なるべく多くのレファレンスツールを使用していた
だきたいと思っている。同じ書名のレファレンスツールでも印刷物と電子メデ
ィアでは内容が異なる場合も少なくないため，両者の違いや特徴を理解するこ

とは問題を解決する上で重要なポイントとなる。

　これからの図書館は，レファレンスサービスの充実が今まで以上に望まれると思われる。利用者と図書館員が直接コミュニケーションをとることができるサービス，すなわち図書館の顔ともいえるのが，レファレンスサービスである。情報発信時代の図書館に必要とされるレファレンスサービスを核としたさまざまな情報サービスを本書の演習を通じて学んでいただきたい。

　本書は，図書館司書資格を取得するための必修科目「情報サービス演習」の教科書として執筆しているが，本書に掲載された情報資源は，学生がレポートや卒業論文を作成する際の情報収集にも役立つものである。また図書館の現場で図書館員が，情報サービスを行ううえでも利用できるものが多く収載されている。ぜひ，自分の情報検索能力向上に役立てていただければと思う。

　改訂版刊行にあたっては，監修の高山正也先生と植松貞夫先生に感謝申しあげると同時に，樹村房の大塚栄一社長と編集部の石村早紀氏には，細かい修正作業に辛抱強くお付き合いいただいたことに深く感謝申しあげる。初版をご採用いただいた先生方からご指摘いただいた箇所についても，改訂にあたり検討させていただくことができたことに感謝申しあげる。引き続き，改訂版についてもお気づきの点や建設的なご意見をご教示いただければ幸いである。

　　　2016年10月9日

編集責任者　原田　智子

序　文
（初版の序）

　現在の図書館では，利用者が図書館に所蔵されている図書や雑誌などの利用ばかりでなく，情報通信技術（ICT）の急速な進歩に伴って，図書館外の情報資源にアクセスすることも可能になっている。したがって，図書館が利用者へ提供する情報サービスの内容も，世の中の変化と共に，多様化してきている。しかし一方で，発展する情報通信技術についてゆけない高齢者などもおり，図書館における情報サービスがさまざまな環境にある利用者に対して，的確なサービスが行えるための努力が，今まで以上に求められている。

　したがって，図書館司書が，個々の利用者の情報ニーズに合った情報を提供するには，大量の情報の中から，質と信頼性の高い情報を迅速・的確にサービスする必要がある。必要な情報は，印刷物，マイクロ資料，CD や DVD，Web 情報資源，オンラインデータベースなど，多様なメディアの中に存在するため，図書館司書には個々のメディアの特徴に熟知し，それらを使い分けできる知識と技術が必要とされる。今日では，このように利用者自身で調べられる環境が整ってきたため，住所や電話番号のような事実確認などの質問は減少し，複雑なレファレンス質問が増加する傾向にある。またブログやツイッターなどの個人からの情報が大量に発信されているため，何を信用すべきか判断できない場合も多い。今こそ情報専門家であるレファレンスライブラリアンによって，信頼性の高い情報サービスが行える絶好のチャンスが到来しているといえる。

　図書館では，さまざまな理由から図書館へ来館できない人々に対して，図書館の Web サイトを利用した電子メールレファレンスも行われている。さらに，利用者自らが調査できるように，図書館がパスファインダー，レファレンス事例集，レファレンス事例データベースなどを作成して，Web サイトから情報発信することも重要なサービスになってきている。これらの発信型情報サービスのための知識と作成技術も図書館司書にとって重要である。

　2012（平成24）年から開始された新しい省令科目では，旧科目の「レファレンスサービス演習」と「情報検索演習」が，発展的に一つに統合されて「情報

サービス演習」という科目になった。科目の概要に，「情報サービスの設計から評価に至る業務と利用者の質問に対する回答処理の演習を通して，実践的な能力を養成する。」と述べられているように，本書では「情報サービス論」で学習した内容を踏まえて，実践的な演習ができるように内容を3部に分けて構成した。図書館における情報サービスの質の向上は，設計，実践，評価のすべての流れが一体となったときに実現する。この観点から，図書館の顔ともいえるレファレンスサービスに従事できる人材育成に必要な実践的教育を意識して編集した。

　情報メディアが多様化する現在，印刷物のレファレンスブックと Web 情報資源の両方を併用した演習を前提としているが，Web 情報資源に関しては，信頼性の高いものを中心に掲載した。また，紙面の都合から，レファレンスブックを十分に紹介できないため，それらは演習する図書館で所蔵する種々のレファレンスツールで補完していただければと思う。さらに，検索項目や検索システムの変更も頻繁に行われ，本書執筆中にも多くの修正と変更を余儀なくされている。今後は，このような変更に関しては，随時変更情報を樹村房のWeb サイトから提供できるように整備していきたいと考えている。

　諸事情により当初の刊行予定から大幅に遅れたため，本書執筆者各位には，一度執筆した内容を最新状況に変更する作業をお願いするなど，大変ご迷惑をおかけしたが，最後までご協力をいただいたことに感謝とお礼を申し上げたい。

　編集に当たっては，監修の高山正也先生と植松貞夫先生からご指導とご助言を賜った。樹村房の大塚栄一社長と編集部石村早紀氏には，さまざまな変更や修正に根気よくお付き合いいただき深く感謝申し上げる。

　本書を授業等でお使いくださる先生方には，お気づきの点など，建設的な忌憚のないご意見をご教示いただければ幸いである。

　2012年5月20日

編集責任者　原田　智子

三訂 情報サービス演習
も　く　じ

監修者の言葉　　iii

三訂の序　　v

改訂の序　　vii

序文（初版の序）　　ix

Ⅰ部■情報サービス演習の設計から準備まで
1章　情報サービスの設計と評価 ————————————2
1. 図書館における情報サービス ………………………2
（1）情報サービスに必要な要素と情報サービスの設計　2
（2）情報サービス担当者に求められる要素　3
2. レファレンスサービスの体制づくり ………………4
（1）図書館におけるレファレンスサービスの種類　4
（2）レファレンスサービスのプロセス　5
（3）レファレンスサービスのカウンター設置と人員　7
3. 情報サービスの評価 …………………………………9
（1）利用者からみた情報サービスの評価　9
（2）図書館員同士による情報サービスの評価　10
4. 情報サービスの設計の見直しと改善方法 …………10

2章　情報サービス演習の準備 ————————————12
1. 情報資源とレファレンスコレクション ……………12
（1）レファレンスサービスで使用する情報資源　13
（2）レファレンスコレクションの種類と特性　13
2. 演習の目的と注意事項 ………………………………16
（1）演習の目的　16
（2）演習における注意事項　16

（3）インタビュー技法と実際　*18*

　3．プロセスの確認とレポートの作成 ……………………………*19*

　4．コンピュータ検索の基本 ……………………………………*21*

　　（1）論理演算と論理演算子　*22*

　　（2）トランケーション　*23*

　5．演習の具体例 …………………………………………………*24*

　　（1）事実解説型レファレンス質問　*24*

　　（2）案内指示型レファレンス質問　*27*

Ⅱ部■情報サービス演習の実際

3章　情報資源の探し方 ─────────────*34*

　1．情報資源の特徴とそのアプローチ ……………………………*34*

　2．検索エンジン …………………………………………………*35*

　3．ウェブ情報資源のガイドと情報資源リンク集 ………………*35*

　4．レファレンスブックのガイド ………………………………*37*

　5．書誌の書誌 ……………………………………………………*38*

　6．図書館およびその他の情報資源 ……………………………*39*

　　（1）図書館ウェブサイト　*40*

　　（2）図書館のリンク集　*40*

　　（3）その他の情報資源　*40*

4章　ウェブページ，ウェブサイトの探し方 ─────*42*

　1．ウェブページ，ウェブサイトの特徴とそのアプローチ ………*42*

　2．検索エンジン …………………………………………………*43*

　　（1）ロボット型検索エンジン　*43*

　　（2）メタ検索エンジン　*45*

　　（3）ポータルサイト　*46*

　　（4）検索エンジンを使うときの全般的な注意　*46*

　3．アーカイブサイト ……………………………………………*48*

　4．限定した範囲のウェブページやウェブサイトの検索 ………*49*

（1）特定のウェブサイト内の検索　*50*

（2）特定のメディアに限定した検索　*50*

5章　図書情報の探し方 —————————————————*52*

1．図書情報の特徴とそのアプローチ ……………………………*52*

2．図書館サービスを利用する ……………………………………*53*

（1）国立国会図書館　*53*

（2）国立情報学研究所　*59*

（3）その他の目録・書誌情報　*61*

3．出版情報を利用する ……………………………………………*63*

（1）オンライン書店　*63*

（2）その他の出版情報　*64*

4．各種書誌を利用する ……………………………………………*65*

（1）一次書誌　*65*

（2）二次書誌　*66*

5．電子図書館サービスを利用する ………………………………*68*

（1）図書館による電子コレクション　*68*

（2）その他のウェブサイト　*69*

（3）図書館と電子書籍の提供　*70*

6章　雑誌および雑誌記事の探し方 —————————————*71*

1．雑誌および雑誌記事の特徴とそのアプローチ ………………*71*

2．雑誌記事を探す …………………………………………………*72*

（1）国立情報学研究所　*72*

（2）その他の雑誌記事索引　*75*

（3）引用文献索引　*79*

（4）抄録誌など　*80*

（5）図書館作成の書誌　*81*

3．逐次刊行物を探す ………………………………………………*81*

（1）逐次刊行物リスト　*81*

xiv

（2）図書館目録　*82*

4．電子ジャーナルを利用する ……………………………………………………*84*

7章　新聞記事の探し方 ─────────────────────────*86*

1．新聞記事の特徴とそのアプローチ ……………………………………*86*

2．オンラインデータベースを利用する ………………………………*87*

（1）朝日新聞記事データベース　*87*

（2）その他の新聞記事データベース　*89*

3．新聞社のウェブサイトを利用する ……………………………………*90*

4．ニュースサイトを利用する ……………………………………………*91*

5．その他新聞記事関係書誌を利用する …………………………………*91*

（1）新聞縮刷版　*91*

（2）新聞記事索引・新聞集成　*92*

（3）新聞所蔵目録　*94*

（4）新聞および新聞社に関する情報　*94*

8章　言葉・事柄・統計の探し方 ───────────────*96*

1．言葉の特徴とそのアプローチ …………………………………………*96*

2．国語辞典 …………………………………………………………………*97*

3．漢和辞典 …………………………………………………………………*97*

4．対訳辞典と英英辞典 ……………………………………………………*98*

5．特殊辞典 …………………………………………………………………*98*

（1）古語辞典・死語辞典　*99*

（2）新語辞典　*99*

（3）類語辞典　*99*

（4）難読語辞典　*100*

（5）諺・名句辞典　*100*

（6）用語・語句索引　*100*

（7）その他　*101*

6．事柄・統計の特徴とそのアプローチ …………………………………*101*

7．百科事典 ……………………………………………………………… 102

8．専門事典 ……………………………………………………………… 105

9．複数辞典・事典のウェブサイト …………………………………… 107

（1）独立系複数辞書サイト　107

（2）海外のウェブサイト　108

（3）メタ辞書検索サイト　109

10．便覧 ……………………………………………………………………… 109

11．図鑑 ……………………………………………………………………… 110

12．統計 ……………………………………………………………………… 111

（1）統計年鑑　112

（2）歴史統計，類年統計　112

（3）統計索引　112

（4）各種統計の例　113

（5）統計を中心にした便覧　113

（6）ファクトデータベース　114

13．年鑑・白書 …………………………………………………………… 114

（1）総合年鑑（一般年鑑）　114

（2）専門主題年鑑　115

（3）白書　115

9章　歴史・日時の探し方 ──────────────── 117

1．歴史・日時の特徴とそのアプローチ ……………………………… 117

2．歴史事典 ……………………………………………………………… 118

3．歴史便覧 ……………………………………………………………… 121

4．年表 …………………………………………………………………… 122

5．事物起源事典・行事事典 …………………………………………… 124

6．歴史地図 ……………………………………………………………… 126

10章　地理・地名・地図の探し方 ―――――――――――――127

　　1．地理・地名・地図の特徴とそのアプローチ ……………………127

　　2．地理学事典 ……………………………………………………………127

　　3．地図帳・地図・地図サイト …………………………………………127

　　　　（1）一般地図帳　*128*

　　　　（2）専門地図帳　*128*

　　　　（3）地図サイト　*128*

　　4．地名事典 ………………………………………………………………130

　　5．国や自治体のウェブサイト …………………………………………131

　　6．旅行ガイドブックと観光協会のウェブサイト ……………………132

　　7．地域事典・地域便覧 …………………………………………………132

　　8．地域年鑑 ………………………………………………………………133

11章　人物・企業・団体の探し方 ――――――――――――――134

　　1．人物・企業・団体の特徴とそのアプローチ ………………………134

　　2．人物を探す ……………………………………………………………135

　　　　（1）人名事典　*135*

　　　　（2）人名録・人名鑑　*137*

　　　　（3）人名索引など　*139*

　　　　（4）ウェブ情報資源を利用する　*140*

　　3．企業を探す ……………………………………………………………142

　　　　（1）名鑑　*142*

　　　　（2）ウェブ情報資源を利用する　*143*

　　4．団体・機関を探す ……………………………………………………145

　　　　（1）学校・研究機関等　*145*

　　　　（2）政府機関等　*146*

　　　　（3）国際機関　*146*

　　　　（4）その他団体・機関　*147*

　　　　（5）図書館・情報機関　*147*

　　5．主な商用データベース ………………………………………………148

12章　法令・判例・特許の探し方 ———————————149

1．法令・判例の特徴とそのアプローチ ……………………………149

（1）法令を探す　*150*

（2）判例を探す　*157*

（3）条約・条例を探す　*159*

（4）法令・判例の主なレファレンスブック　*160*

（5）法令・判例の主な商用データベース　*162*

2．特許の特徴とそのアプローチ ……………………………………*163*

（1）日本の特許を探す　*164*

（2）外国の特許を探す　*168*

（3）主な商用データベース　*168*

13章　Ⅱ部に関する演習問題 ———————————————*170*

（1）情報資源に関する問題　*170*

（2）ウェブページ，ウェブサイトに関する問題　*170*

（3）図書情報に関する問題　*171*

（4）雑誌および雑誌記事に関する問題　*173*

（5）新聞記事に関する問題　*174*

（6）言葉・事柄・統計に関する問題　*175*

（7）歴史・日時に関する問題　*177*

（8）地理・地名・地図に関する問題　*178*

（9）人物・企業・団体に関する問題　*179*

（10）法令・判例・特許に関する問題　*181*

Ⅲ部■情報サービスのための情報資源の構築と評価

14章　レファレンスコレクションの整備 ———————————*184*

1．レファレンスコレクションの整備 …………………………………*184*

（1）レファレンスコレクションの収集　*184*

（2）レファレンスコレクションの構築　*185*

（3）レファレンスコレクションの配置　*186*

（4）レファレンスコレクションの維持　*187*

2．レファレンスコレクションの評価 ……………………………………*188*

（1）評価の必要性　*188*

（2）評価項目とチェックポイント　*189*

（3）事実解説型レファレンスツールの評価　*189*

（4）案内指示型レファレンスツールの評価　*192*

（5）ウェブから提供されるデータベースの評価　*195*

15章　発信型情報サービスの構築と維持管理 ———————————*198*

1．インフォメーションファイルの作成と維持管理 ……………………*199*

（1）インフォメーションファイルの作成　*199*

（2）インフォメーションファイルの維持管理　*199*

2．パスファインダーの作成と維持管理 ………………………………*200*

（1）パスファインダーの作成　*200*

（2）パスファインダーの実際　*202*

（3）パスファインダーの維持管理　*203*

3．FAQ とリンク集の作成と維持管理 …………………………………*203*

（1）FAQ とリンク集の作成　*204*

（2）FAQ とリンク集の維持管理　*204*

4．レファレンス事例集および
レファレンス事例データベースの作成と維持管理 ………………*205*

（1）レファレンス事例集およびレファレンス事例データベースの作成
205

（2）レファレンス事例集およびレファレンス事例データベースの実際
207

（3）レファレンス事例集およびレファレンス事例データベースの
維持管理　*207*

参考文献　*209*
さくいん　*211*

【本書の執筆分担】
　1，2，9，12，13，14，15章＝原田智子
　3，4，8，10，13章＝江草由佳
　5，6，7，11，13章＝小山憲司

◎本書の内容について
・本書に記述されている製品名は，一般に各メーカーの商標または登録商標です。
・本書で紹介している操作画面は，Windows 10 Pro と Google Chrome を基本にしています。他の環境では，画面や操作が異なる場合があります。
・本書は著者が実際に操作した結果に基づいて記述していますが，検索例における出力件数は，執筆当時の件数であるため，演習者が同じ検索を行ってもデータの追加などにより件数が異なる場合があります。
・1章の1-3図は横浜市中央図書館に，2章の2-4図および5章の5-1～5-6図，12章の12-2・12-3図，15章の15-1図は国立国会図書館に，2章の2-5図および5章の5-7・5-8図，6章の6-1～6-4・6-6図は国立情報学研究所に，7章の7-1・7-2図は朝日新聞社に，7章の7-3図は日本専門新聞協会に，12章の12-8～12-11図は工業所有権情報・研修館に，それぞれ掲載許諾をいただきました。記して，感謝申しあげます。
・本書の情報資源の書名や名称については，印刷物は『　』で，電子媒体の情報資源は" "で囲みました。
・『國史大辞典』の國の字の表記については，原本および"JapanKnowledge"の記載どおりとなっています。
・本文中のURLはすべて2021年1月に確認しています。また，本文中の数値は特に明記のない場合，2021年1月現在の情報を記載しています。

I 部
情報サービス演習の設計から準備まで

　本書では，文部科学省の「図書館に関する科目一覧」の概要に提示されている内容を3種類に大別した。I部は「情報サービスの設計と評価」および「演習の準備」に関する二つの章で構成している。1章では，情報サービスの設計から評価に至る業務の流れを解説している。2章では，実際に演習をはじめるために必要な内容を具体的に紹介している。

1章　情報サービスの設計と評価

1．図書館における情報サービス

　情報サービスとは，情報ニーズをもつ人に対して，その要求に合致した情報を得ることができるようにすることである。情報サービスを取り巻く環境は，情報通信技術（information and communication technology：ICT）の急速な進展によって大きく変化しており，図書館における情報サービスの形態は多種多様化し，そのサービス内容も非常に広範囲に及ぶようになってきている。

　図書館は，読書を支援する閲覧や貸出サービスを提供する場であると同時に，学習したり何かを調べたりするための場でもある。図書館員が利用者と直接対応して行う情報サービスは，何かを調べたいという利用者の情報ニーズに対して，さまざまな情報資源を活用して行われる。利用者にとって満足度の高い情報サービスを行うためには，必要な情報資源やレファレンスコレクションが，図書館に十分に用意されていなければならない。インターネットの普及率も年々高まるなか，図書館でなければ収集できない情報資源の選定・収集，雑多な情報を整理して活用できるように再編成する独自ツールの構築や公開なども，今日の図書館における重要な仕事となっている。

　したがって，利用者の求める情報を迅速・的確に提供するためには，それぞれの図書館の利用者ニーズに合った情報サービスの設計・構築や利用・評価が必要になってくる。特に，評価を行う上ではそれぞれの図書館がもっている財源（蔵書数や人件費など）が大きく関係しており，今まで以上に費用対効果を考慮して運用してゆく必要がある。

（1）情報サービスに必要な要素と情報サービスの設計

　図書館における情報サービスを行うにあたって考慮しなければならない要素

は，図書館施設，情報資源，図書館員，利用者の四つである。ただし，今日では電子図書館と呼ばれる物理的な図書館建物を必要としないウェブ上での情報サービスも可能になっている。したがって，図書館施設を除く三つの要素は図書館を構成する必須要素であり，1－1図に示すようにそれらの中心に位置するのが図書館員である。この3要素の関係を考慮に入れて情報サービスの設計を行う必要がある。情報サービスは利用者のために行われるサービスであり，その設計には情報サービスを受ける利用者の意見や要望が反映され，その成果が目に見える形で提供されなければならない。また，図書館を取り巻く環境も常に変化しており，利用者のニーズも絶えず変動している。したがって，情報サービスの設計に対して，利用者のニーズを常に再評価し，サービスに組み込んでいく必要がある。

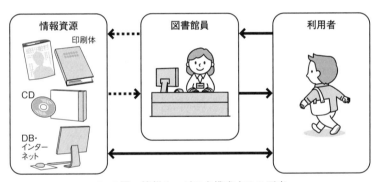

1－1図　情報サービスを構成する3要素

（2）情報サービス担当者に求められる要素

　情報サービス担当者は，直接利用者と接してサービスを行うため，図書館の顔ともいうべき立場にある。図書館に来館した利用者とは対面で接するので，サービスマナーやコミュニケーション能力が大切である。また，非来館者による電話やデジタルレファレンスサービスへの応対には，さらに文章作成能力も必要となる。伝えたい内容を明確な表現を用いて正確に，言葉あるいは文章で伝えなければならない。お互いに相手が目に見えないために，対面サービスと比べて誤解が生じないような努力が必要である。

情報サービスを提供する場合に必要な心構えとしては，次のような内容が考えられる。

①利用者および同僚とのコミュニケーション能力

②急速なICT環境の変化に対応できる柔軟性

③組織の一員としての問題解決能力

④明確なコスト意識（費用対効果）

このように，情報サービスを行う職業に共通な心構えのほかに，情報専門家であるレファレンスサービス担当者に求められる要素には，次のような知識と技術がある。

①情報に関する知識と技術……主題分析能力，レファレンスブックに関する知識，レファレンスブックを利用した調査能力，データベースとウェブ情報資源の活用能力，情報発信の知識と技術，知的財産権と情報倫理の知識。

②利用者教育と指導能力……利用者の年齢に応じた教育内容と指導方法が必要となる。利用者に対する教育や指導方法には，一対一の場合とグループへの場合とがある。

2．レファレンスサービスの体制づくり

（1）図書館におけるレファレンスサービスの種類

レファレンスサービスの主な業務は，次に示すような内容に大別できる。内容の詳細については，本シリーズ5巻『情報サービス論』で詳しく述べられているとおりであるが，ここでは主にサービスの項目を紹介するにとどめる。図書館ウェブサイトからのデジタルレファレンスサービスの充実が求められている今日では，情報発信は欠かせない要素である。

a．情報提供

①質問回答，②書誌情報の確認から図書館相互貸借，③レフェラルサービス。

b．情報資源選択に対する継続的援助（ガイダンス）

①読書相談サービス，②カレントアウェアネスサービス。

ｃ．利用教育

　①一対一の利用教育，②グループ対象の利用教育。

ｄ．情報発信

　①調べ方案内，②情報資源リンク集，③レファレンス事例集，④レファレンス事例データベース。

（2）レファレンスサービスのプロセス

　レファレンスサービスのプロセスは，利用者が自分のもっている情報ニーズをレファレンスライブラリアンに質問することからはじまる。その流れは1-2図のように示すことができる。

　レファレンス質問とは，何らかの問題解決のために，必要な情報を求める図

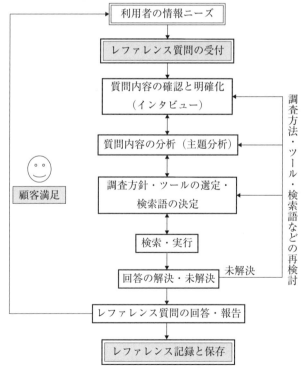

1-2図　レファレンスサービスのプロセス

書館利用者によって，図書館員に対してなされる質問のことである。受付方法は，来館による対面方式と，非来館による電話（口頭），郵送，Fax，ウェブフォーム，電子メールによる非対面方式とに大別できる。

1-3図　"レファレンス協同データベース"のデータシートサンプル

　レファレンス質問では，必ず聞いておかなければならない項目があるので，「レファレンス質問受付・記録票」を準備する必要がある。この「レファレンス質問受付・記録票」は，質問の受付と調査結果を記録し保存する二つの機能を持つように設計し，今日では初めから電子化したフォーマットにしておくことが効率的である。

　盛り込む項目については，それぞれの図書館で独自に必要な項目を考えることも必要であるが，国立国会図書館が構築している"レファレンス協同データベース"事業におけるフォーマット（1-3図）を参照し，そこにある項目を必須項目として入れておけば，"レファレンス協同データベース"への参加事業も容易に作業を進めることができる。

　利用者とのインタビューは非常に重要である。利用者が来館して受け付ける場合はよいが，非来館での受付は，できれば電話での確認をしておくことが望ましい。調査方針が決まると，実際の調査を行うことになるが，必ずしも調査が順調にいくともかぎらない。場合によっては，未解決の状態で利用者へ回答をしなければならないこともある。レファレンスサービスで重要なことの一つに，調査期限を厳守するということが挙げられる。調査途中でも調査が難航する場合は利用者とのコミュニケーションをよく図り，途中の状況報告を行っておくことが，利用者満足にもつながる。

　利用者への回答および報告を実施した後，レファレンスライブラリアンは調査経過や使用した情報資源などを詳細に記録し，保存して後日の類似調査などに備えることも重要な仕事となる。今日では，似たような調査や追加調査などに備えて，調査記録はデータベース化しておくことが必須である。

【演習問題1】　あなたが，市立図書館に勤めるレファレンスライブラリアンであると仮定して，どのような「レファレンス質問受付・記録票」を準備しておくとよいか，記録票を設計しなさい。

（3）レファレンスサービスのカウンター設置と人員

　レファレンスサービスのカウンター設置と人員配置については，図書館の規模に依存するところが大きい。レファレンスサービスのカウンターを置かずに，

貸出カウンターでもレファレンスサービスを受け付ける小規模図書館もあれば，レファレンスサービスカウンターを貸出カウンターとは別に設ける図書館もある。年間の質問受付数や，図書館の面積，配置場所などにもよるが，レファレンスサービスカウンターを別に設置することが本来の姿であるといえる。利用者も専用のカウンターがあることにより，他の来館者を気にせず，相談もしやすくなると考えられる。カウンターの設置場所は，利用者のプライバシーに配慮することが重要である。カウンターデスクは，座って相談できる利用者用の椅子も配置する必要がある。また，レファレンスサービスという名称は一般利用者にはわかりにくいので，調べもの相談カウンター，調査相談コーナーなど，わかりやすい表示も必要である。

　利用者によっては，なかなか図書館員に相談ができない人もいるかもしれない。また，パソコン操作が苦手な人は，図書館のウェブサイトをほとんど見ることがない。そのような利用者に，レファレンスサービスのQ＆A（質問と回答）およびFAQ（よくある質問）などを，ビデオで自由に見ることができる専用ブースを設置するのも一案である。

　レファレンス担当者の人数については，司書資格をもつ図書館員は誰でも受け付けられるようにしている図書館もあれば，1名から2名を専任担当者として配置している図書館もある。県立図書館などの大規模な図書館では，数名以上の専任担当者を置いているところもある。今日の公立図書館では，ウェブ上の無料の情報資源だけでなく，百科事典，図書情報，新聞情報，文献情報などを収録する商用データベース[1]を導入している図書館が増えてきている。これらを利用者が自分で利用できるように指導するためには，指導マニュアルの作成と利用者教育の研修会の開催なども必要となってくる。したがって，レファレンス担当者の休暇や外部研修会への参加などを考慮すれば，レファレンスサービス担当者は最低でも2名以上必要である。また，その人員構成には，キャリアを積んだベテランと新人などの組合せの配慮，レファレンスサービス専任か兼務かなど，その図書館における職員数や業務量を考慮して決める必要があ

1：商用データベースとは，データベース作成機関あるいはデータベース提供機関と利用者契約を結ぶことで，有料で利用できるものである。収録される情報の質を保証し，新規情報を定期的に更新している。

る。担当者同士の連絡やチームワークも重要で，申し送りや調査記録のデータベース管理なども，よいサービスを提供する上で忘れてはならないことである。

【演習問題２】　レファレンスサービスカウンターを貸出カウンターとは別に設置する場合，図書館のどのような場所に配置したらよいですか。また，レファレンス担当者の業務内容についても考えなさい。

３．情報サービスの評価

（１）利用者からみた情報サービスの評価

　情報サービスの良し悪しを評価するのは，情報サービスの提供を受ける利用者である。したがって，調査を終えて情報サービスの回答と報告を提供するときに，利用者アンケートを実施してその調査に対する評価の確認をとっておくことが，その後のサービス向上につながっていく。

　利用者アンケートの設計と評価項目を検討して，利用者の意見などを汲み取れるようにすることが大切である。利用者アンケートには，個別の調査依頼ごとに実施するものと，年に１回くらい実施する全般的なものとが考えられる。

a．個別の調査依頼に対するアンケート

　このアンケートには，①回答結果に対する満足度（回答の内容，回答に漏れがないか，回答入手までの時間，提供された情報の量と質，データベース検索の精度，調査が未解決で終わった場合の十分な理由説明，など）と，②サービス全般に関する満足度（担当者の態度や応対，受付時の十分なコミュニケーションや説明，回答結果および必要な情報入手状況，など）の内容を盛り込むとよい。

b．全般的なアンケート

　このアンケートには，情報サービスの利用頻度，利用したことがある情報サービスの種類，レファレンスツールの充実度，サービスカウンターの配置や担当者人数の適切さなどについて盛り込むとよい。

　これらのアンケート調査結果は，図書館のウェブサイトや広報誌などを通じ

て情報公開することが重要である。

（2）図書館員同士による情報サービスの評価

　利用者アンケートのほかに，個々の情報サービスの統計を集計し，その内容が質的に十分であるか，調べるべき情報資源がきちんと使用されているか，未解決回答の場合の理由の検討などを行うことは，情報専門家として担当者同士が情報を共有し，サービスの向上を目指すために必要である。互いに担当した調査を発表したり報告したりするミーティングを定期的に行い，図書館員の知識やスキルを高め，担当者によるサービスの質の差をなくす努力が必要である。また，担当者により得意とする専門分野も異なるので，事例を通して情報を共有化していくことが，わが国の図書館全体の情報サービスの質の向上につながると考えられる。

４．情報サービスの設計の見直しと改善方法

　図書館を取り巻く環境は日々変化しており，新たなレファレンスツール，新規データベースの導入，図書館のウェブサイトを活用した情報発信サービスなど，積極的な情報サービスが求められる時代である。したがって，従来からの来館型情報サービスとデジタル方式による非来館型情報サービスの両方の視点から，設計の見直しを図る必要がある。

　情報サービスの設計を見直す場合，図書館サービス全体との関係から再検討する事柄と，情報サービスに限定して再検討する事柄とを分けて行う必要がある。

　⑴　図書館サービス全体からの見直し事項

　　①担当者の人数と経験年数

　　②レファレンスサービスカウンターの配置場所

　　③レファレンスブックの排架場所とパソコン設置場所

　　④レファレンスツールの選定・購入・廃棄

　　⑤データベース導入計画および中止決定

　　⑥図書館サービス担当者との連絡会議の開催頻度と内容

　　⑦館内研修と外部研修への参加

　　⑧予算・決算のコスト

　　⑨ウェブサイトの内容の見直し，更新

　(2)　情報サービスにおける見直し事項

　　①担当者の業務担当スケジュール

　　②受け付けた調査記録内容の蓄積・整備・維持・管理・活用

　　③レファレンスサービス，相互貸借などの情報サービス業務

　　④利用者指導，利用者教育の対象者，内容，スケジュール

　　⑤レファレンスコレクション（自館製も含む）の構築・整備

　　⑥情報サービス部門のウェブページの内容検討と更新

　　⑦デジタルレファレンスサービスの構築・管理・運営

　　⑧作業工程表の見直し

　　⑨費用対効果の見直し

　以上に挙げた項目の他にも検討すべき事項が起きると思われるが，緊急度によって，その都度処理すべき事柄について担当者同士で話し合い，検討して事態に対処することが，利用者の望む情報サービス提供につながることになるであろう。

　日常のルーティンワークに対しての改善は，その都度問題が生じた時点で解決していくことが必要になる。そのためには，普段から担当者あるいは他の部門の図書館職員との報告・連絡・相談（いわゆる「ホウレンソウ」）が非常に重要である。また，情報サービス部門内の定期的なミーティング，図書館全体のミーティングを定期的に実施することが重要である。ミーティングで，問題事項を挙げて検討し，改善方法を考え実践していく体制を整えていくようにする。いずれにしても，図書館利用者の立場に立って，自分が受けたい情報サービスは何かということを基本にすえてサービスを心がける気持ちが大切である。

2章 | 情報サービス演習の準備

1．情報資源とレファレンスコレクション

　情報資源とは，情報を入手するために必要となるあらゆる図書館の蔵書やウェブ上の情報を指している。したがって，図書，雑誌，新聞，地図，百科事典など，図書館の蔵書のすべてが情報資源であり，館内情報資源と呼ぶことができる。一方，図書館のパソコンから接続できるウェブ上の情報も情報資源であり，館外情報資源と呼ぶことができる。

　図書には，小説や教科書のように通読するための一般図書と，何かを調べるためのレファレンスブック（参考図書）とがあるが，図書館で利用者に情報サービスを行う場合は，特にレファレンスブックの充実を図る必要がある。この印刷形態のレファレンスブックと，情報を電子化して検索できるように体系的に集めて構築されたデータベースの両者を併せてレファレンスコレクションと呼ぶことができる。

　自ら調べたいと願う利用者が自分でそれらの情報資源から必要な情報を得られるようにサポートすることは，図書館員にとって重要な任務である。また，利用者自身が自分で調べたけれどわからないとか，何らかの事情で調べられないような場合は，図書館員が利用者のために必要な情報を提供するレファレンスサービスがある。いずれの場合も，利用者の広範囲にわたるさまざまな疑問などを解決するためには，図書館に存在する豊富な情報資源とレファレンスコレクションの充実が不可欠となる。また，優れた情報サービスを提供するためには，図書館員の情報資源やレファレンスコレクションに関する豊富な知識と，調べるためのスキル（技術）が重要な鍵となってくる。

（1）レファレンスサービスで使用する情報資源

　レファレンスサービスで使用する情報資源には，図書，雑誌記事，新聞記事，技術報告書（テクニカルレポート），白書や統計などの政府刊行物，規格資料などの一次情報資源と，レファレンスブックや書誌データベースや目録データベースのような二次情報資源に大別することができる。なお，一次情報資源も今日では電子ブック，電子ジャーナル，新聞記事全文データベース，電子化された白書や統計など，電子出版形態が急速に増えてきている。したがって，情報資源の記録メディアの多様化は，その収録内容の違いの原因ともなる場合があり，図書館員にはそれらの違いを見極めて巧みに利用できるような知識とスキルが求められる。

　レファレンスサービスを行う場合に，これらの市販されている情報資源のほかに，自館で作成するインフォメーションファイル，パスファインダー，レファレンス事例集，レファレンス事例データベースなども利用しながら情報提供する場合も多い。これらについては，本書Ⅲ部15章で詳しく述べている。

（2）レファレンスコレクションの種類と特性

　図書館で使用するレファレンスコレクションは，2-1図に示すように，大きく分けて，a.レファレンスツールを探すためのガイド，b.事実解説型レファレンスツール，c.案内指示型レファレンスツールの三つに分けることができる。ツール（tool）という言葉は，道具とか仕事に必要な物という意味であるが，本書ではレファレンスサービスを行うために必要な印刷物の形態のものと電子化された形態のものの両方を含む意味で，レファレンスツールという言葉を使用する。

a．レファレンスツールを探すためのガイド

　知りたい情報や調べたい情報を探すには，どのような情報資源を利用すればよいか，いつもあらかじめわかるとはかぎらない。そのような場合，多種多様なレファレンスツールの中から，特定の質問に対して有用で適切なツールを選び出すのはそれほど簡単なことではない。

　このような場合に役立つのがレファレンスツールを探すためのガイドである。

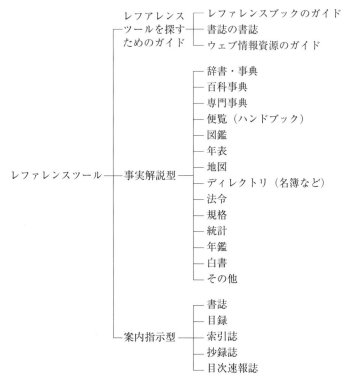

2-1図 レファレンスツールの種類

レファレンスブックのガイドは，個々のレファレンスブックの書誌データ（書名，編著者，出版者，出版年，ページなど）とその解題（どのようなレファレンスブックであるかを解説した文章）が記載されている。すなわち，これは必要に応じて適切なレファレンスブックを選び出す手がかりを与えてくれる案内書あるいは手引書といえるものである。広く一般的なガイドとしては，『日本の参考図書』『年刊参考図書解説目録』があり，特定の情報資源に関するガイドとしては『辞書・事典全情報』『便覧図鑑年表全情報』などの全情報シリーズがある。

　書誌，目録，索引誌などの書誌類すなわち文献リスト類にどのようなレファレンスツールがあるかを探すためには，『日本書誌の書誌』や『書誌年鑑』な

どの書誌の書誌を使用するとよい。

　ウェブ情報資源のガイドは，ウェブ上に公開されている多種多様なウェブサイトやデータベースにどのような情報資源があるのかを教えてくれるもので，国立国会図書館が提供する"リサーチ・ナビ"などがある。

ｂ．事実解説型レファレンスツール

　このツールは，知りたい情報そのものが項目などに沿って解説されているものである。すなわち，情報のレベルから見ると一次情報を収録しているツールである。内容が比較的コンパクトにまとめられており，辞書・辞典，百科事典，専門事典，便覧（ハンドブック），図鑑，年表，地図，ディレクトリ（名簿など），法令，規格，統計，年鑑，白書などが挙げられる。

ｃ．案内指示型レファレンスツール

　このツールは，情報が存在する文献への案内，あるいは情報が収録されているツールへの所在案内などを示すものである。書誌，目録，索引誌，抄録誌，目次速報誌と呼ばれるものがある。これらについては，印刷物のみ出版されているもの，印刷物と電子メディアの両方が提供されているもの，電子メディアのみ提供されているものなど，サービス形態はさまざまである。文献データベースあるいは書誌データベースは，無料あるいは有料で提供されているものが多い。

　なお，これらの３種類に大別される個々のツールに関する詳細は，次章以降で紹介する。

　大規模な公共図書館や大学図書館では，これらのレファレンスツールの最新版を中心に，参考図書コーナーとして一般図書の書架とは別置しており，誰でもいつでも使用できるように禁帯出扱いとしているところが多い。上述したように，今日ではレファレンスツールの電子メディア化が進んでおり，CD-ROM あるいは DVD-ROM データベースやオンラインデータベースとして，パソコンコーナーを設置して，それらのツールをいつでも利用できるようにしている図書館も多くなっている。

　レファレンスコレクションの規模は，その図書館の規模や予算に比例するが，演習を行う場合，できるだけ身近にある図書館での演習を考慮して行うことが実際的である。したがって，自分の大学での演習を可能にするために，所蔵し

ているレファレンスツールの書名，出版年，版表示などを確認しておく必要がある。一方，演習に使用したいレファレンスツールが所蔵されていない場合，ウェブ情報資源も含めて，自館以外のレファレンスツールも点検しておくとよいであろう。

2.　演習の目的と注意事項

（1）演習の目的

「情報サービス演習」の目的は，主に二つ考えられる。

一つは，図書館利用者からのさまざまなレファレンス質問に対する調査プロセスを実際に体験し，そのプロセスを通じて情報サービス，特にレファレンスサービスへの理解を深めることである。そして，情報サービスでは，利用者がどのような情報を求めているのか，インタビューを通じてコミュニケーションを図ることが重要になるため，インタビューの演習も体験することが必要となる。

もう一つは，実際に図書館などに所蔵するレファレンスツールやウェブ情報資源にどのようなものがあるのか，それらを自分の目で確認し，実際に使用してそれらの使い方を習得することである。情報資源の特徴を知る上で，欠かせない作業である。

（2）演習における注意事項

演習では，以下に挙げる注意事項に従って行うとよいであろう。

①演習者は，レファレンスサービスの担当者の立場で演習を行う。すなわち，図書館利用者からレファレンス質問を受けて調査を行い，回答するという立場である。図書館利用者が望む情報サービスを的確に行うためには，どのように一連のプロセスを行ったらよいかということを常に意識して演習する。

②レファレンス担当者は，自分が知っていることでも自分の記憶で回答してはならない。必ず複数のレファレンスツールで確認して回答しなければならない。特にウェブ情報資源を使用した場合は，情報資源の信頼性も重要

となる。調査の質を高めるためにもクロスチェックの習慣を身に付ける。

③質問に対する直接的な回答そのものに学習のポイントがあるのではなく，その回答を得るまでの調査プロセスの理解と，使用したレファレンスツールの特徴や構成などの理解が重要である。

④レファレンス記録を誰がみてもわかるように文章で記載する。特に調査プロセスや使用した情報資源の記載は重要であり，回答そのものは，演習であるので要点を中心に文章でまとめる。

⑤利用者に提示する調査結果のレポート（調査報告書）の書き方を学び，提供内容が適切に書けるかどうか，実際に文章でわかりやすく書いてみる。

以上が，演習を実施するうえでの心構えである。しかし，実際に演習をしていると，思うように調査が進まないこともある。2-2図に示すようなレファレンスサービスのチェック項目を用意しておくと，調査に入る前の準備，調査途中における方向性，調査の進行状況の確認や見落としを防ぐことができる。

☆調査前，調査中および調査後に下記の項目をチェックして，調査方針，調査中の方向性，調査後の記録について確認しましょう。

[調査前に確認すること]
□質問の内容を充分確認し，質問者が何を求めているのか理解しましたか。
□使用予定のレファレンスツールを，複数（できれば3種類以上）準備していますか。
□使用予定のレファレンスツールの発行年や収録年数は，適切なものですか。
□使用予定のレファレンスツールの収録範囲は，適切なものですか。
□使用予定のウェブ情報資源の作成機関（作成者）は，信頼できますか。

[調査中に確認すること]
□使用するレファレンスツールの凡例や利用の手引き，検索ヘルプを読みましたか。
□使用する検索語は，使用するレファレンスツールの見出し語や索引語と一致していますか。
□使用する検索語が，レファレンスツールの見出し語や索引語にない場合，目次や項目一覧などもチェックしましたか。
□適切な検索語が浮かばない場合に，国語辞典，類語辞典，新語辞典，古語辞典などで調べましたか。
□件名標目表やシソーラスなどで，同義語，関連語などをチェックしましたか。
□複数のレファレンスツールから調査した内容は，一致するものでしたか。
□内容に不一致が見られた場合，正しい内容をさらに別のレファレンスツールで確認しましたか。
□ 期限内に回答を得ることができますか。

[調査後に確認すること]
□調査結果を利用者の情報要求に合うように，まとめて記録できましたか。
□未解決の場合，利用者との今後の方針についての相談はできましたか。
□ レファレンス記録への記入を，利用者への情報提供後すぐに行いましたか。

2-2図 レファレンスサービスのチェック項目シート

（3）インタビュー技法と実際

　レファレンスサービスでは，レファレンスサービス質問の受付からそのサービスが開始される。利用者が調査してほしい情報について正確に聞き取ることが重要である。レファレンスの申込方法は，来館者と対面で直接受ける場合と，電話，郵送，Fax，ウェブフォーム，電子メールなどの非対面で受ける場合とに大別できる。対面の場合は相手の表情など言葉以外の様子も考慮することができるが，非対面の場合は言葉や文章の情報からしか，その内容を読み取ることができない。

　レファレンス質問の受付時に，質問者に関すること（名前，連絡先など）および，調査内容に関すること（質問テーマ，調査の範囲，年代，詳しさ，期待される回答数や形式，費用が発生する場合は予算など）については，必ず聞いておかなければならない。したがって，「レファレンス質問受付・記録票」をあらかじめ作成し，誰が担当しても同じように受け付けられるようにしておくことが重要である。この「レファレンス受付・記録票」に基づいて，必要な事項についてインタビューで確認していく。

　インタビューでは，直接質問者とのコミュニケーションをはかりながら，確認作業をしていくことになる。その際，一般的には，５Ｗ１Ｈすなわち when（いつ），who（誰が），where（どこで），what（何を），why（なぜ），how（どのように）で質問すると，必要なことを忘れずにインタビューできる。

　インタビューにおけるポイントとしては，以下の点に留意するとよい。

①笑顔で，利用者が気軽に話しやすい雰囲気で接する。

②聞き上手になる。質問者が一通り話し終えることを優先する。

③閉じられた質問（「はい」「いいえ」で答えられる質問）ではなく，できるだけ開かれた質問（どのような，どういった，なぜ，など）をするように心がけ，内容が発展するように質問する。

④必要なことは，「レファレンス受付・記録票」に書き加えていく。

⑤内容の区切りのところで，内容を整理して，質問者への確認を行う。

【演習問題１】　二人一組になり，レファレンスデスクをセットして，利用者役の人が自分の調べたい質問内容をレファレンス担当者に質問する場面から演習を始めなさい。演習後，問題点や良い点を書き出し，それらについてクラス全体で話し合いなさい。

【演習問題２】　二人一組になり，利用者役の人とレファレンス担当者役に分かれて，お互いの電子メールを使用して，レファレンス質問を行いなさい。演習後，電子メールレファレンスの問題点や良い点などを書き出し，それらについてクラス全体で話し合いなさい。

３．プロセスの確認とレポートの作成

　実際の情報要求にしたがって，以下の項目を考慮して演習を行い，レポートを作成する。はじめに，演習のレポート作成のうち，以下に示す①から⑥までは，調査する前の準備段階で記入する。⑦から⑩は，調査を実施してから記入する。調査において重要なことは，調査前の準備と方針に時間をかけることであり，安易にレファレンスツールで調べ始めないことである。

　①質問番号……演習の際には演習問題番号を記載するが，実際に図書館で管理する場合は，暦年ごとの連番を付与することが望ましい。年間の受付件数によって連番の桁を決めればよく，たとえば210001のように，最初の２桁は西暦の下２桁とし，残りを年度ごとの受付番号とする。

　②質問……演習の際には，割り当てられた演習問題の質問を記入する。質問は単語のみ挙げるのではなく，文章でわかるように書く。実際の図書館では，質問者とインタビューしながら，少しずつ質問の内容が明確化されることもあるので，質問者とのコミュニケーションを大切にするように心がける。

　③質問の特徴……質問に書かれている内容を分析し，何を知りたいのかを確認して，何を回答として得たいのかを明確にすることが重要であり，それらの確認事項を記入する。

　④キーワード……知りたい内容を調査するために使用したいキーワードで表現し，記入する。しかし，知りたい内容をすぐにキーワードで表現できるとは限らない。同義語，類義語，関連語などは辞書・辞典，件名標目表やシソーラ

スなどの用語リストなどを参照して，できるだけ検索の手がかりとなるキーワード候補を多く準備しておくことが望ましい。

　固有名詞である人物名や企業名なども，案外問題が多い。人物名も本名，ペンネームやハンドルネームなど，同一人物でもいくつかの名前を使用している人もいる。企業名では，社名変更，企業の再編や合併などによる変更はよくあることである。

　略語については，質問者のわかっている範囲で，フルスペルやどのような分野で使われている用語であるかを確認する必要がある。

　⑤使用する情報資源……調査に使用するレファレンスツールの候補を考え，記入する。このとき，できるだけ多くの情報資源を考えることが重要である。また，情報資源として，たとえば百科事典ばかりを挙げるのではなく，専門事典やいろいろな角度から調査できるように，広範囲のツールから選定することが重要である。適切な情報資源がわからない場合は，3章で紹介する「レファレンスツールを探すためのガイド」を使用して，適切なレファレンスツールの有無を調べる。

　⑥レファレンスプロセス……実際の調査を行うにあたって，使用する予定の情報資源をどのような順で使用して調査していくかについての方針を記入する。実際の調査においても，調査の準備段階での方針は重要であり，使用する予定のレファレンスツールに対して，適切なキーワードを複数準備して方針を立てる。

　情報サービスで大切なことは，回答期限を厳守することである。調査にかけられる時間や日数に合わせて，迅速に処理することが重要である。30分以内に回答が欲しいのか，半日くらい待てるのか，あるいは翌日でもよいかなど，いつまでに，どの程度詳しい情報が欲しいのか，という確認が必要である。急がない場合でも，早めに着手しないと，思ったよりも調査に時間がかかることもある。

　⑦調査プロセス……キーワードを手がかりに，候補に挙げた複数のレファレンスツールを調査する。印刷物の場合は，凡例あるいは利用の手引などに目を通した後，目次，索引，項目一覧などから調査をはじめる。印刷物では索引の充実が調査を左右する。本文からの探索ができないので，必要な情報があるにもかかわらず，見落とすことがないように注意する。インターネットを利用し

た検索では，情報資源の信頼性に気をつけて調査し，できるだけ多くの情報資源によるクロスチェックが欠かせない。記録票への記述方法は，使用したレファレンスツールとそのツールでわかった内容のポイントを，自分が調査した順に記載する。情報が得られなかったツールについても記載する。

　⑧回答……回答は情報資源ごとに記載せず，総合的にまとめて記入する。結論から明確に文章で必要な内容を丁寧に記載する。また，解決したのか未解決であるのか，記録しておく（記録用紙に○で囲むようにするとよい）。

　⑨使用した情報資源……使用したレファレンスツールは，情報が得られたツールと情報が得られなかったツールに分けて記入する。なぜなら，同じテーマでの調査依頼があった場合や，追加調査を依頼された場合に，分けて記入しておくことで再度調査を行うときに，無駄を省くことができるからである。記載事項としては，使用したレファレンスブックでは書誌事項と情報が得られた掲載ページを，ウェブ情報資源ではウェブサイト名と URL とアクセス年月日を記入する。どの情報資源を使用したかは，回答と共に質問者に提示する。

　⑩調査において重要なこと……同じテーマの調査を依頼されたり，追加調査を依頼されたりする場合があるので，このテーマを調査する上で，何か気づいた点や調査のポイントなどを記載しておくことが望ましい。ここには複数のツールを見るべきであるというような一般的注意事項は書かない。

　以上の10項目を，同僚や他の人が読んでわかるように記録する。その記録自体が，パスファインダー（特定のテーマに関する文献，情報の探し方・調べ方の案内），リンク集，レファレンス事例集，レファレンス事例データベースなどを作成する場合の重要な資料となる。したがって，レファレンス記録を残すことが，その図書館の情報サービスの質の向上につながる。

4．コンピュータ検索の基本

　情報検索については，本シリーズ第5巻の『情報サービス論』5章に詳細が述べられているが，ここではウェブ情報資源や CD-ROM あるいは DVD-ROM の電子メディアのレファレンスツールを検索する際の情報検索の基本について述べる。大事なことは，自分が検索しようとしている検索エンジンや情

報検索システムでどのような機能が使用できるのか，ヘルプなどで確認することである。

（1）論理演算と論理演算子

検索語を二つ以上組み合わせて検索する場合，2-3図に示すように，論理演算子を使用して検索する。論理演算子は，AND演算子，OR演算子，NOT演算子の3種類があり，それぞれ2-3図に示すように論理積（AND検索），論理和（OR検索），論理差（NOT検索）で必要な情報を絞り込んだり，広げたり，除いたりすることができる。通常，検索エンジンでは論理積（AND検索）では，スペースを入れることで実行される。個々のデータベースでは，ドロップダウンメニューあるいはラジオボタンの中から演算子を選択できるようになっていることも多い。

AND演算子は，二つの検索語の両方を同時に含む集合を，検索結果として表示する。「大学生の読書」について検索したい場合，「大学生」と「読書」という検索語を入力する。AND演算子は，条件を加えて絞り込みたい場合に使用する。

OR演算子は，いずれか一方の検索語だけ，あるいは両方の検索語を同時に含む集合を，検索結果として表示する。したがって，「図書館」と「ライブラリー」などのような同義語を漏れなく検索したい場合に使用する。

NOT演算子は，ある情報の集まりから特定の検索語を含む情報を除きたい場合に使用する。「犬」の情報について書かれている情報から，「犬」と「猫」の両方について書かれている情報を除いて，「犬」だけの情報を検索結果とし

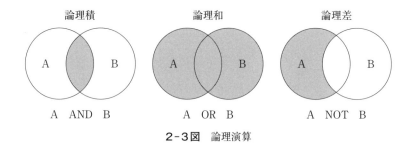

2-3図　論理演算

て欲しい場合に使用する。

（2）トランケーション

　コンピュータ検索では，原則として入力した検索語と文字列が一致した結果が表示される。キーワードや著者名などの検索語を入力する場合に，検索語の一部に任意文字を指定して検索することをトランケーションという。トランケーションは，検索漏れを少なくしたい場合に有効である。

　トランケーションには以下の4種類があり，この他にも入力した文字列と完全に一致したものだけを検索結果として表示する完全一致検索がある。

　①前方一致検索……検索語のはじまりの語順が一致するものを検索する。「情報」と入力すると，情報，情報資源，情報検索，情報システムなどが検索される。

　②後方一致検索……検索語の終わりの語順が一致するものを検索する。「情報」と入力すると，情報，安全情報，気象情報，特許情報などが検索される。

　③中間一致検索……検索語の両側にいろいろな文字が付いているものを検索する。「情報」と入力すると，情報，情報システム，交通情報，交通情報システムなどが検索される。この検索方法は，部分一致検索ともいわれる。

　④中間任意検索……検索語の中間に任意文字が入ったものを検索する。任意文字を入れたい箇所には，その情報検索システムで指定された記号（？記号など）を使用して入力する。たとえば，「情報？システム」と入力すると，情報システム，情報管理システム，情報提供システムなどが検索される。

　検索エンジンを使用した検索は，基本が中間一致検索（部分一致検索）である。中間一致検索の中には，完全一致検索，前方一致検索，後方一致検索の結果が含まれる。また，情報検索システムによっては，完全一致検索ができない場合もあり，システムのデフォルト（初期設定）が前方一致検索になっているものもある。中間任意検索は，商用データベースなどで使用できる場合がある。

　たとえば，“goo辞書”の検索語入力画面では，「で始まる」「で一致する」「で終わる」をドロップダウンメニューから選択できるようになっているが，これがトランケーションである。また，中間一致検索を「を含む」，完全一致検索を「と同じ」という表現をしている情報検索システムもある。

　このほか，"Google" では検索オプションを使用すると，入力した検索語の
語順が一致するものだけを検索するフレーズ検索ができる。「図書館と著作権」
と入力すると，「図書館と著作権」という文字列が一致したウェブページは検
索されるが，「著作権と図書館」という文字列のウェブページは検索されない。

5．演習の具体例

　ここでは，本章3節で述べた項目にしたがって解答例を示しながら，プロセ
スの確認とレポートの作成法について述べる。今日では誰でも検索エンジンで
ウェブ上の情報を手軽に探せる時代であり，利用者はすでに自らインターネッ
トを利用して調べている場合も多い。しかし，得られた情報の出典や信頼性に
無頓着である利用者も少なくない。以下の【例題1】の場合も，「日本アルプ
ス」と「命名」という検索語を入力して検索エンジンで検索すると，多くのウ
ェブページが検索される。しかし，情報の信頼性という点で出典の記載のある
ものは非常に少ない。図書館で提供する情報サービスにおいては個人の調査と
は異なり，信頼性のおける情報資源による情報サービスを心がける必要がある。
ここでは，レファレンスブックによる調査法とウェブ上の信頼性のある情報資
源についての調査例を紹介する。

（1）事実解説型レファレンス質問

【例題1】　日本アルプスの名称を，最初に名づけた人を知りたい。

質問の特徴：「日本アルプスの命名者」という人物名を求めている。

キーワード：日本アルプス，命名

使用する情報資源：『コンサイス日本山名辞典』修正版，『三省堂日本山名事
　典』『日本地名ルーツ辞典』『日本大百科全書』『世界大百科事典』

レファレンスプロセス：知りたいことは日本アルプスという名称を名づけた人
　物名であるが，人物名がわからないので，最初に人物事典は使用できない。
　日本の山や地名に関する事典である『コンサイス日本山名辞典』修正版，
　『三省堂日本山名辞典』『日本地名ルーツ辞典』および百科事典である『日本
　大百科全書』『世界大百科事典』を調べ，人物名がわかったら，人名事典お

よび百科事典で確認する。

調査プロセス：はじめに『コンサイス日本山名辞典』修正版の「にほんアルプス」を見ると，1880(明治13)年にイギリス人ウィリアム＝ガウランドが槍ヶ岳に登り，ヨーロッパのアルプスにならって，アルペン的な山容をもつ山々という意味から命名。W. ウェストンが『日本アルプス登山と探検』で紹介し，一般に用いられるようになったと記載されていた。次に，『三省堂日本山名事典』の「にほんあるぷす　日本アルプス」をみると同じ内容であったが，槍ヶ岳に登った年が1878(明治11)年，命名の年は1881年と異なっていた。『日本地名ルーツ辞典』の「日本アルプス」をみると，イギリス人の宣教師ウォルター＝ウェストンが明治20年代に登山し，帰国後『日本アルプスの登山と探検』を出版したことから，「日本アルプス」の名称が生まれたとあった。『コンサイス地名辞典　日本編』の「日本アルプス」をみると，明治中期，英人ウォルター＝ウェストンにより命名と記載されていた。『世界山岳百科事典』の「日本アルプス」をみると1880(明治13)年，イギリス人ガウランドが槍ヶ岳に登り命名し，のち W. ウェストンがこの名称を用い，『日本アルプスの登山と探検』などで紹介して一般化したと書かれていた。『世界大百科事典』の「日本アルプス」をみると，イギリスの鉱山技師ゴーランド William Gowland が《日本案内》(1881) に用いたのがはじまりで，この呼称を有名にしたのは W. ウェストンであると記載されていた。『国民百科事典』にも同様の記載があった。『日本大百科全書』をみると，最初に日本アルプスの呼称を用いたのはイギリスの鉱山技師ガーランド William Gowland であり，アーネスト・サトウ編の『中部および北方日本旅行者案内』(1881) に，日本アルプスと記しているとあった。また，ウェストン Walter Weston について他のツールと同様の記載があった。『ブリタニカ国際大百科事典』には「日本アルプス」の項目はなかった。『来日西洋人名事典』増補改訂普及版の索引 'Gowland, William' から「ガウランド」をみると，日本アルプスの命名者としても知られていると記載されていた。『20世紀西洋人名事典』では「ゴーランド，ウィリアム→ガウランド，ウィリアムを見よ」とあり，「ガウランド，ウィリアム」には，日本アルプスの命名者であると記載されていた。"コトバンク"を使用して，「日本アルプス」という検索語を入力し

て検索すると，"大辞林第三版""デジタル大辞泉"などの国語辞典と，"ブリタニカ国際大百科事典小項目事典""世界大百科事典　第2版""日本大百科全書（ニッポニカ）"，などが検索された。これらの内容をみると，印刷物と重なる内容であった。

回答：日本アルプスの命名者は，イギリス人鉱山技師の William Gowland（1842 – 1922）である。姓のカタカナ表記は，ガウランド，ガーランド，ゴーランドのようにいろいろある。彼は，1872年大阪造幣寮御雇外人として来日し，冶金技師の仕事を16年間続ける。彼は1880（明治13）年に北アルプスの槍ヶ岳に登り，この地がヨーロッパ・アルプスに似た高山性の山地であるところから「日本アルプス」と命名し，アーネスト・サトウ編の『中部および北方日本旅行者案内』（1881）に，飛騨山脈をたたえ，「日本アルプスと称してしかるべきところであろう」と記している。日本アルプスを飛騨，木曽，赤石の三山脈の総称としたのは，イギリスの宣教師で日本近代登山の父といわれた Walter Weston（ウォルター・ウェストン；1861 – 1940）で，1896年にロンドンで出版した『日本アルプス登山と探検』で日本アルプスを世に紹介して広めた。Weston の影響を受けた登山家小島烏水（こじまうすい）は著書『日本アルプス』（全四巻）で，北アルプス，中央アルプス，南アルプスの呼称を用い，その総称として日本アルプスの名称を使用している。

使用した情報資源（情報が得られたツール）：

『コンサイス日本山名辞典』修正版，三省堂，1979年，p.397

『三省堂日本山名事典』三省堂，2004年，p.792-793

『日本地名ルーツ辞典：歴史と文化を探る』創拓社，1992年，p.411

『コンサイス地名辞典　日本編』三省堂，1975年，p.917

『世界山岳百科事典』山と渓谷社，1971年，p.527

『世界大百科事典』改訂版，平凡社，2006年，日本アルプス21巻 p.391；ウェストン3巻 p.173

『国民百科事典』平凡社，1978年，にほんアルプス10巻 p.395；1976年，ウェストン2巻 p.89

『日本大百科全書』小学館，1989年，17巻 p.889

『来日西洋人名事典』増補改訂普及版　日外アソシエーツ，1995年，ウェス

トン p.42-43；ガウランド p.77

『20世紀西洋人名事典』日外アソシエーツ，1995年，ガウランド p.285，ウェ
ストン p.155

"コトバンク" https://kotobank.jp/ （参照2020-12-14）

使用した情報資源（情報が得られなかったツール）：

『ブリタニカ国際大百科事典』ティビーエス・ブリタニカ，1995年

『世界大百科事典』改訂版，平凡社，2006年，ゴーランドは掲載なし

調査において重要なこと：Gowland の日本語表記が，ガウランド，ガーランド，
ゴーランドとツールによって異なるので，人名事典を調べる場合は必ず索引
を使い，原綴りからも見る必要がある。また，カタカナ索引しかない場合は，
すべてをチェックする。電子版データベースを使用する場合も，文字列一致
検索への配慮から，同様の注意が必要である。

（2）案内指示型レファレンス質問

【例題2】　大気汚染が植物に及ぼす影響について，昭和50年から昭和53年まで
の日本の雑誌に掲載された記事を読みたい。

質問の特徴：質問の内容は，大きく二つに分けられる。一つは「大気汚染が植
物に及ぼす影響」に関する雑誌記事にどのようなものがあるかを知りたいと
いうことである。もう一つは，その記事を読みたい，すなわち入手したいと
いうことである。この場合は，雑誌記事であるので得られた雑誌記事の原文
献を提供するか，収載雑誌の所蔵図書館を提示することになる。

キーワード：大気汚染，植物，影響（キーワードではないが，昭和50年から昭
和53年）

使用する情報資源："国立国会図書館サーチ""CiNii Articles""J-STAGE"
"Google Scholar"，自館の OPAC，他館の OPAC

レファレンスプロセス：初めに，「大気汚染の植物に及ぼす影響」について書
かれた雑誌記事を調査する。雑誌記事の調査は，現在ではデータベースを使
用することが効率的である。該当記事が見つかったら，次に電子ジャーナル
で全文が無料で入手できるかどうか調べる。全文が無料で入手できない場合
は，所蔵図書館を調べ，相互貸借で文献を入手する必要があるかどうか質問

者に確認する。

調査プロセス：初めに，国立国会図書館が提供する "国立国会図書館サーチ"
を使用する。2‐4図に示すように，詳細検索画面のタイトルに検索語の
「大気汚染」と「植物」の間にスペースを入力し（実際の入力には「　」は
不要），出版年に1975と1978と西暦年を入力する。資料種別は，記事・論文，
レファレンス情報，デジタル資料のみチェックを残し，他の項目のチェック
をはずす。検索ボタンをクリックすると，本１件，記事・論文35件，デジタ
ル資料30件の検索結果が得られた。なお，本１件はデジタル資料と重複した
調査報告書であった。左のフレームから，記事・論文をクリックすると，35
件の検索結果が一覧表示される。同様に，左のフレームから，デジタル資料
をクリックすると，30件の検索結果が一覧表示される。この結果から "CiNii
Articles" と "J-STAGE" へのリンクがある。次に国立情報学研究所（NII）
の "CiNii Articles" を使用する。2‐5図に示すように，詳細検索画面を選
び，フリーワードに検索語の「大気汚染」と「植物」を間にスペースを入れ
て入力し，出版年に「1975」と「1978」を入力し，検索ボタンをクリックす
ると34件が得られた。"CiNii Articles" では J-STAGE DOI 機関リポジ

2‐4図　"国立国会図書館サーチ" の入力画面

2-5図　"CiNii Articles" の入力画面

トリ 国立国会図書館デジタルコレクション というアイコンがある場合は，それらのアイコンをクリックすることによって，原文献の全文を表示できる。次に科学技術振興機構（JST）の "J-STAGE" を使用する。2-6図に示すように詳細検索の画面で，発行年に「1975」と「1978」を入力し，指定検索では「全文」を選んで検索語の「大気汚染」と「植物」を間にスペースを入れて入力し，検索ボタンをクリックすると，検索結果は317件であった。 DOI の URL をクリックすると原文献の書誌情報画面が表示される。 DOI の URL あるいは PDF をダウンロード をクリックすると全文を表示できる。さらに "Google Scholar" を使用する。"Google Scholar" の左上にある三本線のメニューアイコン（≡のアイコン）をクリックして，検索オプションを選択すると，2-7図に示すように，検索オプションの画面が表示される。検索オプション画面の「すべてのキーワードを含む」に検索語の「大気汚染」と「植物」を間にスペースを入れて入力する。「日付を指定」に「1975」と「1978」を入力し，「検索」ボタンをクリックすると，検索結果は引用も含めて551件であった。論題名の右側に［PDF］の表示がある文献については，直接電子版の論文を読むことができる。［PDF］の表示がない文献は論題名をクリックすると "J-STAGE" へ移行するので，原文献を

（以下の項目は省略）

2-6図 "J-STAGE"の入力画面

電子版で入手できる。公立図書館を利用したい場合は，各公立図書館のOPACの横断検索などを利用する。

回答：得られた書誌データと所蔵館を提示する。（ここでは，具体的なデータの記載は省略する。）

使用した情報資源（情報が得られたツール）：ここには，ウェブサイト名，URL，参照年月日を記載する。

2-7図　"Google Scholar"検索オプションの入力画面

"国立国会図書館サーチ" https://iss.ndl.go.jp/ （参照2020-12-14）

"CiNii Articles" https://ci.nii.ac.jp/ （参照2020-12-14）

"J-STAGE" https://www.jstage.jst.go.jp/search/global/_search/-char/ja
（参照2020-12-14）

"Google Scholar" https://scholar.google.com/ （参照2020-12-14）

使用した情報資源（情報が得られなかったツール）：

なし。

調査において重要なこと：植物については，質問者が特に重視している具体的
植物名がわかっている場合は，個別の植物の名称も入力する必要がある。所
蔵調査は，自館に所蔵していない場合は，質問者が訪問可能な図書館を選定
して回答するか，相互貸借を利用する。

II部
情報サービス演習の実際

　実際にレファレンス質問を受けて問題解決を図るための情報資源の紹介と例題を，3章から12章までに収録している。各章を，扱う質問の主題別に構成し，ウェブ情報資源とレファレンスブックを併用して学習できるように，現状に合わせて紹介している。扱うテーマによって，それぞれの章を参照できるようにし，5章から12章の学習順序は任意に選択できるように構成している。また，13章にテーマあるいは主題別の演習問題を一括掲載している。

3章 | 情報資源の探し方

　レファレンス質問に答えるには，どのような情報資源（レファレンスツール）があるのか知り，それらの使い方を理解する必要がある。しかし多くの情報資源が存在しているため，すべての情報資源についてあらかじめ把握しておくことはできない。そこで，情報資源そのものを探す方法について知っておく必要がある。

1．情報資源の特徴とそのアプローチ

　情報資源を探すには，検索エンジンを使う方法とレファレンスツールのガイドを使う方法がある。検索エンジンを使う場合，情報要求に合う情報資源そのものを探す。レファレンスツールのガイドには，ウェブ情報資源のガイドとリンク集などウェブ上の情報資源を主に紹介しているもの，レファレンスブックのガイドのようにレファレンスブックを主に紹介しているもの，バランスよく両方を紹介しているものなどがある。

　また，2章で述べたように，情報資源は直接知りたい情報が記載されている事実解説型のものと，情報の存在している文献などへ案内する案内指示型のものという二種類に分けられる。レファレンスツールのガイドのうちレファレンスブックを扱ったものは，どちらか一方を中心として収録しているものも多いため，レファレンスブックを探すときは特に，事実解説型なのか案内指示型なのかを意識するとよい。たとえば，案内指示型のレファレンスブックのみを収録しているものに書誌の書誌がある。

　図書館は利用者のために有用な情報資源やリンク集などを作成しているため，図書館が公開しているウェブサイトも情報資源を探すヒントとなる。

2．検索エンジン

　情報要求に合った情報がありそうな情報資源を検索エンジンを使って探す。この場合のコツは，情報要求をあらわす直接的なキーワードを使って検索するのではなく，情報資源をあらわすようなキーワードを使って検索することである。検索エンジンの使い方についての詳細は4章を参照してほしい。

【例題1】「過去30年間で福山市の年間降水量が最も少なかった年は何年か」
　　　　を知りたいが，どの情報資源を使ったらよいかわからない。
①この情報要求は，気象庁に気象情報の情報資源がありそうだと考え，気象庁
　のウェブサイト中の気象情報データベースを探す。
②"Google"を使い，クエリボックスに「気象庁　気象データ」と入力して検
　索する。「過去の気象データ検索」（8章12節6項のファクトデータベース参
　照）がみつかる。

3．ウェブ情報資源のガイドと情報資源リンク集

　情報資源の扱っているトピックや提供者，所在情報を中心に情報を収集して，提供しているウェブサイトがある。これをウェブ情報資源のガイド，情報資源リンク集と呼ぶこととする。
■リサーチ・ナビ　国立国会図書館　https://rnavi.ndl.go.jp/rnavi/　　"リサーチ・ナビ"とは，情報資源ガイドである。国立国会図書館職員が「調べものに有用であると判断した図書館資料，ウェブサイト，各種データベース，関係機関情報（以下，「情報源」といいます。）を，特定のテーマ，資料群別に紹介するもの」（"リサーチ・ナビ"のウェブサイト中の説明による）である。国立国会図書館が所蔵しているレファレンスブックだけではなく，ウェブ上の情報資源なども収録している。
　キーワード検索や分野別の調べ方，調べたい本の種類などから情報資源を探すことができる。

■ Web 情報資源集　https://shinji50.sakura.ne.jp/resource/conv.cgi　　個人運営のサイトであるが大学図書館のウェブサイトに掲載されたリンクからインターネット情報資源を収集し，それらの情報資源を NDC 順に分類して探せるようにしている。2021年１月現在4,054件のインターネット情報資源が登録されている。

■図書・雑誌探索ページ　図書・雑誌探索ページ　http://biblioguide.net/ "図書・雑誌探索ページ"のウェブサイト中の説明によると，「『図書・雑誌探索ページ』は，図書，雑誌，新聞，視聴覚資料，灰色文献，諸々を扱う文献探索サイト」である。日本・日本語以外の情報資源，資料などの探索方法を紹介している。

【例題２】　日本のウェブ上に公開されている医学に関する情報を扱ったデータベースを探したい。

①「医学」というキーワード検索で直接データベースが探せるか，もしくは，医学という主題からデータベースを探せるものを使う。

②検索エンジンで「医学　データベース」と検索する。"定番データベース｜解説｜データベース｜東京大学医学図書館"や"医学・生物学系データベースリスト-京都大学医学図書館"などがヒットする。医学の専門図書館が作成したデータベースリストを参照することができる。

③"リサーチ・ナビ"では，分野をたどることで探すことができる。分野の「科学技術・医学」をたどり，医学・薬学・心理学の「医学」のリンクをたどる。

④調べ方案内にいくつかのテーマについての調べ方へのリンクがあるので，調べたいテーマにあったものを選ぶ。たとえば「医学・疾病について調べる」リンクをクリックする。

⑤データベース名とそのデータベースの説明があり，どのようなデータベースかわかる。

⑥データベースを実際に使いたい場合は，データベース名のリンクをたどっていけばよい。

4．レファレンスブックのガイド

　レファレンスブックを探すときに役に立つのは，レファレンスブックのガイドである。多種多様なレファレンスブックを種類や内容から探せるようになっている。レファレンスブックのガイドは，事実解説型も案内指示型も両方とも収録している。

■参考図書紹介　国立国会図書館　https://rnavi.ndl.go.jp/sanko/　　国立国会図書館にある参考図書をキーワード検索することができる。検索結果として表示される参考図書には解題が付与されているものもある。

■日本の参考図書　第4版　日本図書館協会　2002　1081p.　　レファレンスブックを日本十進分類法にしたがって配列しているため，内容から情報資源を探すことができる。2002年よりも以降に出版されたレファレンスブックについては，『日本の参考図書：四季版』および"参考図書紹介"もあわせて使用する必要がある。

■全情報シリーズ　日外アソシエーツ　1990-2013　　戦後の情報資源を主題分野，問題，資料形態別に収録したシリーズである。『辞書・事典全情報』『便覧図鑑年表全情報』『名簿・名鑑全情報』『年鑑・白書全情報』などがある。

■レファコレ　日外アソシエーツ　http://www.nichigai.co.jp/refcol/　　日外アソシエーツが出版している定番の案内指示型の参考図書シリーズの内容をまとめて横断検索のできるデータベースサービス（有料）である。八つの分野ごとの契約で，それぞれの契約した分野の案内指示型の参考図書の内容を検索できる。「図書館学・レファレンス」の契約をすれば，レファレンスブックのガイドである"参考図書解説目録"や書誌の書誌である"書誌年鑑"の内容が検索できる。ほかにも，"人物レファレンス事典plus"の契約であれば，"人物レファレンス事典　日本"や"伝記・評伝全情報"など人物の案内指示型の参考図書の内容をまとめて検索できる。

■レファレンスブックス：選びかた・使いかた　日本図書館協会　2020　　インターネット情報資源と印刷物の情報資源つまりレファレンスブックスの相互補完的利用を念頭に作られたレファレンスブックのガイドである。レファレン

スサービスの学習用に体系立てられており，分野毎に概説と代表的なレファレ
ンスブックの詳細な解説がある。

【例題3】　薬学の事典には何があるか知りたい。

①薬学という分野から探したいというところがポイントである。書名の五十音
　順から探すことはできないので，分野や書名中のキーワードから探すものを
　使用するとよい。

②"参考図書紹介"では，参考図書のキーワード検索ができる。「こちら」の
　リンクをクリックし詳細画面へ行き，キーワードに「薬 AND 事典」（もし
　くは「薬 事典」）と入力し，データベースに「参考図書紹介」を選び，「追
　加条件を表示する」の中の NDC 分類に「自然科学」を選んで検索すると該
　当する参考図書がヒットする。書誌情報や一部は解題を見ることができる。
　「事典」と「辞典」は厳密に書名が区別されずに出版されている場合がある
　ため，より漏れなく検索したい場合は，キーワードに「薬 AND 辞典」も検
　索してみるとよい。

③『日本の参考図書』は，日本十進分類法に準じて配列している。目次を見る
　と，「自然科学」の「医学」に「薬学」が527ページにあることがわかる。
　527ページを見ると「薬学」のレファレンスブックが記述されており，【辞
　典・事典】の項目を見ると，15種類の辞典・事典の書誌データと解題を読む
　ことができる。

④『辞書・事典全情報』も日本十進分類法に準じて配列しているので，「薬学」
　を見ると，そこに書誌データと内容や目次が掲載されているのでどのような
　辞典・事典があるかわかる。

5．書誌の書誌

　書誌の書誌は，案内指示型のレファレンスブックを探すときに用いる。三次
書誌とも呼ぶ。
■日本書誌の書誌　巖南堂書店　1973-1981；日外アソシエーツ　1984；金沢
文圃閣　2006　　明治維新以前から1970（昭和45）年までに刊行された各種の書

誌を網羅している。総裁編，主題編，人物編がある。

■日本書誌総覧　日外アソシエーツ　2004　881p.　　1945年から2003年まで
刊行された各種の書誌を網羅している。

■書誌年鑑　日外アソシエーツ　1982-（年刊）　　主として，人文・社会科
学分野の書誌類を収録している。

■主題書誌索引　日外アソシエーツ　1981-2014　　人物以外の主題に関する
書誌を収録しており，それぞれ収録範囲が異なる4冊（1966-1980年，1981-
1991年，1992-2000年，2001-2007年，2008-2014年）が出版されている。

■人物書誌索引　日外アソシエーツ　1979-2014　　個人書誌を対象として収
録しており，それぞれ収録範囲が異なる4冊（1966-1977年，1978-1991年，
1992-2000年，2001-2007年，2008-2014年）が出版されている。

【例題4】　教科書に関する書誌でなるべく新しいものが知りたい。

①発行順がわかりやすいもの，主題をあらわすキーワードから書誌を探すこと
　ができるツールを使用することがポイントである。

②『書誌年鑑』は年刊であるため，最新の『書誌年鑑』を使って調べることで
　最近発行された書誌を知ることができる。さらに古い年に発行された書誌は，
　1冊ずつ遡って調べていけばよい。

6．図書館およびその他の情報資源

　図書館はいろいろな情報資源についての情報を収集・整理して提供している
機関である。利用者のために有用な情報資源のリンク集を作成していたり，レ
ファレンスでよく聞かれる話題に関して「Q&A」を作成していたりするなど，
有用な参考情報を得られる可能性が高い。ここでは，レファレンスに役立つ情
報資源のリンク集などを提供している代表的な図書館のウェブサイトもしくは
ウェブページと，図書館のウェブサイトをまとめた図書館リンク集について紹
介する。また，日頃から定期的に閲覧して情報収集するのに役立つウェブサイ
トも紹介する。

（1）図書館ウェブサイト

■東北大学附属図書館　東北大学附属図書館　http://www.library.tohoku.ac.jp/literacy/kisochishiki.html　　新入生がレポートや論文を作成するときに必要な文献や情報を調べる際の参考のために，『東北大学生のための情報探索の基礎知識』や『「レポート力」アップのための情報探索入門』を発行しており，その内容はウェブサイトでも公開している。

■名古屋大学附属図書館　名古屋大学附属図書館　https://www.nul.nagoya-u.ac.jp/support/　　資料探しに迷った時に活用してもらうための「探し方サポート」のページを用意しており，「ガイドシート」と呼ばれるデータベースの使い方などを簡単にまとめたルーフレットや，ガイダンスや講習の資料などが提供されている。

■京都大学図書館機構　京都大学図書館機構　https://www.kulib.kyoto-u.ac.jp/refguide/13222　　研究・学習への活用を目的として，各種資料やデータベースの探し方・使い方をその種類別に解説した“レファレンスガイド”を作成し，公開している。

（2）図書館のリンク集

■図書館リンク集　日本図書館協会　https://www.jla.or.jp/link/tabid/95/Default.aspx　　日本の図書館のウェブサイトを網羅的に収集したリンク集である。日本の図書館を，公立図書館，私立図書館，大学図書館，国立の図書館・機関，専門図書館に分類したリンク集を提供している。都道府県から図書館をたどることができる。図書館名と図書館サイトへのリンクと簡単な説明がある。

（3）その他の情報資源

　どこにあるか存在が不明なものに網を張って常にリサーチをし，情報を収集し整理して利用者に提示することは，まさに情報の専門家の腕の見せどころであるといえる。

　以下に示したものは，誰もが利用できる公開された最新情報が入手可能な情報資源の例である。活用してもらいたい。

■カレントアウェアネス・ポータル　国立国会図書館　https://current.ndl.go.jp/
図書館および図書館情報学における，国内外の近年の動向およびトピックスを
解説する国立国会図書館のウェブサイトである。

■科学技術情報の今を知る　科学技術振興機構　https://jipsti.jst.go.jp/johokanri/
学術情報の流通・利用に関する最新情報を提供する。関連イベントニュースな
どもある。

■ ACADEMIC RESOURCE GUIDE（ARG）　アカデミック・リソース・ガイ
ド　https://www.arg.ne.jp/mailmagazine　　２週間に一度，アカデミック・リ
ソース・ガイドが発行しているメールマガジンである。学術情報に関する情報
資源やイベントについての紹介などがある。ウェブ上でバックナンバーも見ら
れる。

■ INFOSTA メールマガジン　情報科学技術協会　https://www.infosta.or.jp/
mail/mailmagazine.html　　INFOSTA（情報科学技術協会）が，各種ニュース
を提供するメールマガジンである。INFOSTA 主催行事予定，新刊紹介，会誌
『情報の科学と技術』最新号の目次紹介などがある。

■レファレンス協同データベース　国立国会図書館　https://crd.ndl.go.jp/
reference/　　全国に参加図書館があり，参加図書館が受け付けたレファレン
ス事例や調べ方マニュアルなどが登録されている。レファレンス事例は，参加
館が過去に受け付けたレファレンス事例にどのようなものがあるか，どのよう
に解決していったかの過程や使用したツールなどが参考になる。また，調べ方
ガイドは，合致するテーマがあれば，レファレンスツールを知るのにも活用で
きる。

4章 | ウェブページ，ウェブサイトの探し方

　ウェブでの情報の単位として，ウェブページとウェブサイトがある。ウェブページとはウェブブラウザで一度に表示できるひとまとまりの情報であり，ウェブサイトとはウェブページをひとまとまりに公開するウェブページ群である。ウェブサイトの最初のページをトップページあるいはホームページと呼ぶ。ウェブページのことを指してホームページと呼ぶことが多いが，正確な表現ではないため，ここではウェブページと統一して呼ぶこととする。

　本章では，ウェブに存在するさまざまなウェブページ，ウェブサイトを収集し検索可能にした情報資源について述べる。ウェブページ，ウェブサイトを網羅的に検索できる情報資源だけでなく，ウェブサイト内のページやメディアなど，ある観点を対象として検索可能にしたものもとりあげる。なお，図書，雑誌，新聞，言葉，事柄，統計，歴史，地理，人物，企業，団体，法令，判例，特許などの情報をウェブを通して提供している情報資源については，他の章でそれぞれ詳しく述べることとする。

1．ウェブページ，ウェブサイトの特徴とそのアプローチ

　ウェブ上のウェブページ，ウェブサイトを網羅的に収集して検索できるものとして，検索エンジンがある。一方で最新のウェブページだけでなく，過去のある時点でのウェブ上の情報を扱ったものにはアーカイブサイトがある。また，限定した範囲に焦点を絞って収集し，検索可能にしたものもある。たとえば，ある特定のウェブサイト内のみのウェブページを対象としたサイト内検索，サイトマップなどがある。特定の分野や主題について収集したサブジェクトゲートウェイ[1]や分野別リンク集，画像のみを対象とした画像検索，映像のみを対象とした映像検索などがある。

2．検索エンジン

　検索エンジンとは，存在するウェブページを網羅的に収集し，検索可能にしたサービスである。検索エンジンの種類には，大きく分けて，「ロボット型」，複数の検索エンジンをまとめて検索できる「メタ検索エンジン」の二つがある。ただし，現在提供されている検索エンジンの主流は「ロボット型」になっており，「メタ型」の検索エンジンの提供はほとんどされなくなってきた。検索エンジンはウェブにおける最も基本的な検索ツールである。そのため，総合サービス企業，情報サービス企業やインターネットプロバイダーは，ポータルサイトの核となるサービスの一つとして，検索エンジンを提供していることが多い。

　検索エンジンが提供する検索結果は，ウェブページやウェブサイトのタイトル，URL，スニペットと呼ばれる要約などであり，検索エンジンは案内指示型のレファレンスツールといえる。ただし，他の案内指示型のツールとは異なり，ウェブの特徴により，検索結果中のリンクをたどることで，すぐに目的のウェブページ，ウェブサイトを閲覧できることが最大の特徴である。

（1）ロボット型検索エンジン

　全文検索型検索エンジンともいわれ，代表的なものに Google が提供している検索エンジンがある。クローラ（収集ロボット）と呼ばれる収集プログラムで，ウェブページを網羅的に収集して検索可能にしたものである。ただし，すべてのウェブページを収集しているわけではないことに注意が必要である。たとえば，ウェブサイト提供者が，検索エンジンに収集して欲しくないと指定しているもの（たとえば，ウェブサーバのルートディレクトリに robots.txt とい

1：サブジェクトゲートウェイとは，「インターネット上に分散する膨大な電子情報源から調査研究に役立つものを選んで収集，データベース化し，検索・閲覧機能をつけたインターネットサービスのことである。コンテンツ提供サービス，デジタル情報資源提供サービスと呼ばれることもある。リンク集も広義のサブジェクトゲートウェイと考えられる。」（マンガ「言葉の泉」：知る知る見知る　サブジェクトゲートウェイ. 情報管理. 2002, vol.44, no.10, p.716-717. https://www.jstage.jst.go.jp/article/johokan-ri/44/10/44_10_716/_pdf/-char/ja, （参照2021-01-21）.）．

うファイルに決められた形式でその意思表示を記述する）は収集しないし，アクセスするためにログイン ID やパスワードが必要なものは収集できない。ロボット型検索エンジンは，上記での例外を除き，できるだけ網羅的に収集する方針であり，情報の内容や質によって収集するかしないかの判断は行っていない。そのため，検索結果に出てくる結果は多く，ノイズも発生しやすい。そこで，検索語と関連度（スコア）の高いものから順に表示するランキング手法を採用している。また，ロボット型検索エンジンは，プログラムを使って収集しているため，更新頻度が高いことが特徴である。ただし，更新の頻度は高いものの，収集され検索されるまでには必ずタイムラグが生じるため，必ずしも現在閲覧できるウェブページ，ウェブサイトと同じわけではないことにも注意が必要である。そのため，収集した時点でのウェブページを閲覧できる機能（一般に，「キャッシュ」機能と呼ばれる）を用意していることも多い。

■ Google　Google　https://www.google.co.jp/　"Google"（https://www.google.com/）の日本語版である。ここで提供されているロボット型検索エンジンは，リンク情報を利用したランキングのパイオニアとして知られている。

　クエリボックスにキーワードを入力し，検索ボタンをクリックすると検索できる。論理積（AND 検索）は半角スペースで検索語を区切ることでできる。論理和（OR 検索）は，「OR」演算子を使用する。NOT 検索は「-」（半角ハイフン）記号を使用する。また，複数の語を 1 語としてみなす，すなわち熟語に対するフレーズ検索は，「" 図書館と著作権 "」というように，キーワードを半角の「"」で囲むことでできる。検索オプションの画面では，複数のクエリボックスやメニュー等を使った検索ができる。また，ログインアカウントを作成することができ，ログインして検索すると，過去に行った自身の検索や検索結果閲覧の記録から，個々人により適した検索結果を表示する機能がある。

【例題 1】　久留米出身の洋画家で坂本繁二郎を除く，青木繁か古賀春江のサイトを検索したい。
① "Google" のクエリボックスに「古賀春江 OR 青木繁 -坂本繁二郎」と入力して "Google 検索" をクリックする。
②もしくは，「検索オプション」の画面（初期画面の右下にある設定メニュー

中の"検索オプション"を選択する）で，検索条件の「いずれかのキーワードを含む」のクエリボックスに「古賀春江」「青木繁」，「含めないキーワード」に「坂本繁二郎」を入力して"詳細検索"をクリックする。

（2）メタ検索エンジン

　複数の検索エンジンを検索できる検索エンジンのことである。メタ検索エンジンには大きく分けて二つの種類がある。一つの検索式を同時に複数の検索エンジンに発行し検索結果をまとめて表示するものと，クエリボックスに入れた検索式を使って次々と検索エンジンを切り替えながら検索できるものである。前者のタイプのメタ検索エンジンは，横断検索型，串刺し検索型，一括検索型，統合検索型などと呼ばれることもあるが，ここでは同時検索型メタ検索エンジンと呼ぶことにする。後者は渡り検索型メタ検索エンジンと呼ぶこととする。多くのさまざまなタイプの検索エンジンが存在し収集コンテンツやランキング方式がそれぞれに違いがあるため，検索エンジンを使いわけたい場合，複数の検索エンジンの結果をまとめて得たい場合などに利用できる。

■Ritlweb　https://www.ritlweb.com/　同時検索型メタ検索エンジンの一つである。同時に検索する検索エンジンを選んで，「マイセレクト」で登録してオリジナルの横断検索を作成できる。

■検索デスク　https://www.searchdesk.com/　渡り検索型メタ検索エンジンの一つである。ここで利用できる検索エンジンはよく使用されるものからランキングされて上位に表示されるようになっている。検索エンジンだけでなく，辞書やニュースサイトなどレファレンスに便利なウェブサイトも検索エンジンと同様に渡り検索することができる。「検索」ボタンをクリックすることで，「検索窓」と呼ばれるクエリボックスに入力した検索語で次々と渡り検索できる。一方，各ウェブサイト名のリンクをたどると，各ウェブサイトのトップページに移動する。

【例題2】　読書習慣について調べたい。いろいろな検索エンジンの検索結果をそれぞれ見くらべたい。
①　"Ritlweb"の検索語クエリボックスに「読書習慣」を入力し，「同時検索」

ボタンをクリックする。

②複数の検索エンジンを検索して，ヒット件数が検索対象別に一覧表示される。

③ "検索デスク" の検索窓（検索語クエリボックス）に「読書習慣」と入力する。

④ウェブ検索の列中にある「Google」の横の「検索」ボタンをクリックすると，"Google" の検索結果が表示される。ブラウザの「戻る」ボタンをクリックして戻る。

⑤ "MicrosoftBing" の横の「検索」ボタンをクリックすると，"Microsoft Bing" の検索結果が表示される。

（3）ポータルサイト

　もともと検索エンジンのみを提供していたサービスの多くは，現在はポータルサイトとしてさまざまなサービスを提供している。ポータル（portal）とは入り口という意味であることからもわかるように，そのサイトを入り口にして，さまざまなウェブサイトへ訪問できるようにすることを目的として作成されている。ポータルサイトが提供しているサービスには，ウェブメールサービス，電子掲示板，チャット，ニュース提供，路線検索，地図検索，辞書検索，商品検索，株価情報，画像検索，ブログ検索など多種多様で，一つのポータルサイトで検索に限らず多くの情報要求が満たされる可能性が高い。検索のとっかかりとして，最初にポータルサイトを利用するなどの活用が考えられる。

　また，ポータルサイトの検索エンジンを使って検索した場合は，そのポータルサイトが提供している他のサービスの検索結果も併せて表示されたり，キーワードに関連する他のサービスへのリンクがあるなど便利である。

（4）検索エンジンを使うときの全般的な注意

　検索エンジンに限ったことではないこともあるが，検索エンジンを使うときの全般的な注意点について挙げる。

　⑴　すべてのウェブページ，ウェブサイトを検索できるわけではない

　検索エンジンは，意図的に収集しないもの（例：ウェブサイト提供者が収集して欲しくないと意思表示があるもの，例えば robots.txt）や，収集不可能なもの（例：ログイン ID やパスワードを必要とするアクセス制限のかかったウ

ェブサイトなど) がある。このことを認識しておく必要がある。

(2)　検索エンジンによって結果が大きく異なる

　検索エンジンによって収集ロボットの性能や, ランキング方法が異なる。そのため, ある検索エンジンでは簡単にヒットし見つけられる情報が, 他の検索エンジンでは全く見つけられないということがよくある。したがって, 複数の検索エンジンを使うことが必要な場合もある。

(3)　検索結果の質や信頼性を確認する

　いろいろな人がさまざまな観点からウェブページやウェブサイトを作成しているため, 結果の内容の質や信頼性については, 他の情報資源でも確認する必要がある。

(4)　ヘルプを活用する

　つい最近まで使えていた検索機能が使えなくなったり, 新たな検索機能が追加されたりなど, その変化が速い。そのため, 頻繁にヘルプを参照して, 検索機能の変化に対応できるように心がけることが大切である。

(5)　キーワードはウェブページに表記されたものが検索対象となる

　ウェブページは統制語を使って作成しているわけではなく, 作成者ごとに自由語を使って作成している。そのウェブページを収集して構成されたデータベースが検索エンジンである。そのため, 同義語や, 表記の違い (カタカナ・ひらがな・漢字, 送り仮名) などに注意が必要である。たとえば, PC とパソコン, 高校と高等学校, プリンタとプリンター, 団扇とうちわ, などが挙げられる。ただし, 最近はこれらを考慮した検索結果を提示する検索エンジンも増えてきている。

(6)　検索式の入力時に英数字, 記号を半角か全角かを厳密に使う

　全角文字は検索式内で意味のある演算子記号として処理されずに, キーワード内の一文字として処理されてしまうことがある。そのため, 特に検索式の演算子として使うものに関しては, よくヘルプを確認する必要がある。また, ヘルプに記述していない場合もあるので, 半角を使った検索と全角を使った検索の結果を見くらべるなどして気をつけて使う必要がある。

3．アーカイブサイト

　検索エンジンは，現在ウェブ上で提供されている情報をあらかじめ網羅的に収集して検索可能にしているが，実際に表示する結果は検索時点におけるウェブページが対象となっている。そのため，検索エンジンが収集した後にウェブページが変更されたり，削除されたりすると閲覧することができない。また，たまたま見ようとしたときに，ウェブサーバがダウンしていたり，ネットワークが不調であって見られないということもよくある。たとえば，"Google"ではクローラが収集したウェブページを「キャッシュ」として公開しているが，何度も修正されたウェブページの場合，直前のものしか見ることができない。また，ウェブページが削除されてしまうと，いつかはキャッシュも消えてしまう。そのため，定期的にウェブページを収集して，各々の時点での内容を公開しているアーカイブサイトを利用すると，過去のウェブページを見ることができる。アーカイブサイトは，過去のものを閲覧することができるので，過去のものと現在のものを見くらべたいときや，現在削除されてしまっていて見られないもの（リンク切れ：404 Not Found のとき）を閲覧するときなどに利用できる。

■Wayback Machine　Internet Archive　https://web.archive.org/　"Wayback Machine"は，米国の非営利団体 Internet Archive が運営しているアーカイブサイトである。ウェブページを網羅的に収集することを目的として，1996年以降から定期的にウェブページを収集している。ただし，ウェブページ収集ロボットによる収集の拒否を宣言しているウェブページ（robots.txt を使って設定する）などのように収集していないウェブページもあることに注意が必要である。キーワードや URL で検索すると，ヒットしたウェブページを過去から現在にわたって閲覧することができる。2021年1月現在5,250億ページ（525billion）を閲覧することができる。また，すべてではないが，アーカイブ内のウェブページのリンクをたどるとその当時のリンク先のウェブページの内容を表示することもできる。

■国立国会図書館インターネット資料収集保存事業（WARP）　国立国会図書

館　https://warp.da.ndl.go.jp/　　ウェブ情報を文化資産として将来の世代のために保存する2002年から開始した国立国会図書館のプロジェクトである。主な収集対象は，日本の国の機関，地方公共団体，地方公社，独立行政法人，特殊法人，国公立大学のほか，公益法人，私立大学，政党，国際的・文化的イベント，東日本大震災に関するウェブサイト，電子雑誌のうち，発信者の許諾が得られたウェブサイトである。「著者別」と「ウェブサイト別」がある。"Wayback Machine"よりも同一ウェブページに対する収集頻度は低い。キーワードや編者を指定した検索や，テーマ分類などからたどって行くことができるため，URLがわからなくても検索することができる，収集したウェブページ本文の全文検索ができることが特徴である。

【例題3】　学術情報センター（NACSIS）（国立情報学研究所の前身）のウェブページを見たい。

① "Wayback Machine"の検索クエリボックスに「http://www.nacsis.ac.jp/」と入力し，「Enter」キーを押す。

②収集した年代ごとにカレンダー形式で検索結果が表示される。見たい日のリンク（例：1999年1月17日）をクリックする。

【例題4】　過去の「文部科学省」のウェブサイトを見たい。

① "国立国会図書館インターネット資料収集保存事業（WARP）"の「詳細検索」リンクをクリックする。

②コレクション種別のチェックボックスで，「国の機関」のみにチェックをつけ，タイトルのクエリボックスに「文部科学省」と入力し，「検索」ボタンをクリックする。

③「文部科学省 // 文部科学省」のリンクをクリックする。

④収集した日ごとに検索結果が表示される。見たい日のリンクをクリックする。

4．限定した範囲のウェブページやウェブサイトの検索

　これまでは，検索エンジンやアーカイブサイトといったウェブ全体を対象とした検索サービスについて説明した。本節ではある特定の範囲に絞った検索を

行いたいときに利用すると便利な検索サービスについて説明する。

　このようなサービスを利用することの利点は，ある程度絞りこまれた中から検索するためノイズが少ない点，その扱っているテーマに適切な分類や検索項目を使った検索が可能である点である。そのため，全般的な内容を扱っている検索エンジンを使うよりも効率的に情報を検索できる可能性がある。これらのサービスの存在をどうやって見つけ出すかについては，前章で述べた。

（1）特定のウェブサイト内の検索

　ウェブサイト中にあるとわかっている場合に利用するとよいのがサイト内検索と，サイトマップである。たとえば，ある商品の情報を検索するさいに，メーカーのウェブサイトがわかっている場合などである。

ａ．サイト内検索

　ウェブサイト中のウェブページのみを対象として検索できる機能で，大量のウェブページを提供しているウェブサイトではよく提供されている機能である。

　検索エンジンのドメイン指定などで代用できることもあるが，そのウェブサイト独自の検索項目等が用意されている場合があるので，検索エンジンと併せて利用するとよいだろう。

ｂ．サイトマップ

　ウェブサイトの構造をツリー方式で簡略化して表示し，そのウェブサイトの全体像を把握できるものである。

　サイトを限定したカテゴリ検索と考えることができ，見たいウェブページがウェブサイトの中でどこに位置づけられているのかを見たい場合や，探しているページがリンクをたどっていっても見つからない場合に使用すると便利である。サイト検索と併せて利用するとよい。

（2）特定のメディアに限定した検索

　ある特定のメディア（画像，ブログ，ニュースなど）に限定して情報を収集し，検索を提供しているサービスに各種検索サービスがある。これらはそのメディアを表すキーワードを冠して，○○検索というサービス名となっていることが多い（例：画像検索，ブログ検索）。以下で挙げたものは，ほんの一例で

ある。

■ Google 画像検索　Google　https://www.google.co.jp/imghp?hl=ja
"Google" で提供されているサービスであり，ウェブ上の画像ファイルつまり
写真や図だけを収集して検索できるようにしたものである。

【例題5】　ウェブを通して提供されている空の写真にはどんなものがあるか。
①上記の URL にアクセスするか，"Google" の初期画面で「画像」リンクを
　クリックする。
②クエリボックスに「空」を入力し，Enter キーを押すと検索結果の画像のサ
　ムネールが表示される。右下の設定メニューから "検索オプション" をたど
　った画面では，フルカラーか白黒かといった色調や，ファイル形式（JPG,
　PNG など）を指定した検索もできる。

5章 | 図書情報の探し方

1．図書情報の特徴とそのアプローチ

　主として記録された情報を扱う図書館にとって，もっとも身近な情報メディアが図書である。最近では，電子書籍も身近な存在となり，図書の流通経路も多様になりつつある。また，国内で発行される図書の出版点数も毎年7万5千点から8万点を推移しており，量的側面から見ても，図書に関する情報の探索範囲の広さ，難しさを窺い知ることができる。

　ところで，利用者の求める図書に関する情報要求は，大きく二つに分けられる。一つは，利用者がすでに求める図書を特定しており，その書誌情報や入手方法を知りたいというものである。もう一つは，自らが求める情報がどのような図書に掲載されているのかを知りたいというものである。この場合，求める情報そのものがあいまいであることも少なくない。前者は既知資料検索，後者は未知資料検索と表現することができよう[1]。いずれの情報要求かによって，採用する検索方法は異なる。

　最近では，オンライン書店をはじめ，各出版社のウェブサイト，読者によるブログやSNS等での個人書評，図書館目録（OPAC）のウェブ公開にいたるまで，さまざまなかたちで図書の情報が流通している。たとえば，オンライン書店を利用すれば，求める図書の情報を検索できるだけでなく，その図書の要約，読者による書評や評価，購入履歴に基づく関連図書の紹介をかんたんに入手できる。利用者はそれらの情報を活用して，図書をその場で購入することもできる。

　しかしながら，オンライン書店で扱う図書の多くは，現在流通しているもの

1：本シリーズ第9巻『三訂 情報資源組織論』1章3節（p.3-4）において，このような表現が紹介されているので，本章でもこれを参考にした。

が中心であり，いわゆる絶版図書を網羅的に検索し，入手することは難しい。こうした情報の提供をも射程に入れているのが資料の保存機能をもつ図書館であり，検索手段としての蔵書目録や総合目録である。

　図書館が提供する検索ツールでは，件名や分類を利用して主題からも検索できるのが特徴である。組織化の状況には濃淡が見られるが，図書の内容紹介や目次を提供したり，検索対象としたりするサービスも普及しつつある。他方，図書館が提供する目録は所蔵探索のツールにとどまるものがほとんどであり，その検索範囲にも限界がある。そのため，ある特定のニーズにもとづいて編集された各種の書誌を利用することも有効である。

　本章では，以上のような図書情報の特徴をふまえながら，基本的な探索ツールをとりあげ，解説する。

2．図書館サービスを利用する

（1）国立国会図書館

a．国立国会図書館サーチ（NDL Search）を利用する

　"国立国会図書館サーチ"（https://iss.ndl.go.jp/）は，国立国会図書館の蔵書目録である "国立国会図書館オンライン" をはじめ，"国立国会図書館オンライン（雑誌記事索引）""国立国会図書館デジタルコレクション""リサーチ・ナビ（調べ方案内）""レファレンス協同データベース" など，国立国会図書館が構築し，インターネット上で提供している情報サービスを一括して検索できる統合検索サービスである。上述のデータベースに加え，国立情報学研究所（NII）の "CiNii Articles" や "CiNii Books"，"IRDB（学術機関リポジトリデータベース）"，科学技術振興機構（JST）の "J-STAGE"，公立図書館や大学図書館，専門図書館が提供する蔵書目録やデジタルアーカイブなど，2021年1月現在（2021年1月参照），101のデータベースを検索対象としている[2]。

　"国立国会図書館サーチ" は，図書や雑誌論文をはじめ，ウェブに公開され

2：検索対象データベース一覧は，https://iss.ndl.go.jp/information/function/target/ に公開されている。

た記録情報を一括して検索できたり，検索結果から多様な情報へのリンクを提供することで新たな情報の発見を支援したりするなど，所蔵資料の検索を中心とした従来の OPAC に比べ，格段に拡張された情報サービスを提供している。利便性が高まる一方で，利用者（検索者自身を含む）の情報要求に適した情報は何か，どのようなデータベースが検索可能か，さらにどのような検索手法が利用できるかなどにも留意する必要がある。

　5-1図は，"国立国会図書館サーチ"の詳細検索のトップ画面である。検索メニューは「簡易検索」「詳細検索」「障害者向け資料検索」の三つからなる。簡易検索では，検索対象を「すべて」あるいは「本」「記事・論文」などの資料種別ごとに選択できるようになっている。また，詳細検索では，タイトルや著者名，件名，分類記号といった書誌情報から検索できるほか，検索対象とするデータベースやその情報の所蔵館も指定できる。ここでは，詳細検索を利用して，図書の検索方法を紹介する。

5-1図　"国立国会図書館サーチ"の詳細検索のトップ画面

【例題1】　スポーツによるまちおこしについて書かれた図書を検索したい。

①詳細検索のタブをクリックし，タイトルの検索ボックスに「スポーツ　まち
おこし」と入力して検索すると，36件がヒットした（5-2図）。

5-2図　"国立国会図書館サーチ"の検索結果画面

②検索結果画面の左に「検索結果の絞り込み」というエリアがある。そこにあ
る「資料種別」欄を見ると，本が14件，記事・論文が20件，児童書が1件，
デジタル資料が6件ヒットしたことを確認できる。ここでは図書を検索した
いので，本にはられたリンクをクリックする。

③検索結果一覧を眺めると，検索語として指定した「スポーツ」や「まちおこ
し」がハイライト表示されている。ここで『生涯スポーツとイベントの社会
学：スポーツによるまちおこし』に注目しよう。同じタイトルの図書が複数
ヒットしているが，出版年を見ると1996年の図書と2000年のものの2種類と
なっている。2000年に出版されたほうのタイトル・リンクをクリックして，
詳細情報を表示させると，第2版であることが確認できる（5-3図）。

5-3図　"国立国会図書館サーチ"の詳細表示画面例

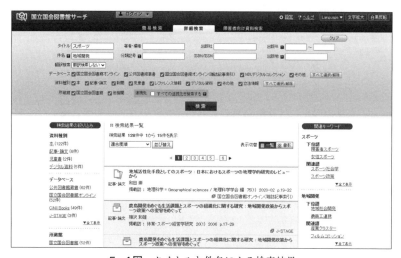

5-4図　タイトルと件名による検索結果

④また，件名（キーワード）に注目すると，「地域開発」がリンク表示されている。「まちおこし」という主題が「地域開発」という言葉（統制語）によって表現されているものと推測できる。そこで，画面左上の「検索結果に戻る」をクリックして，タイトル検索ボックスに「スポーツ」を，件名に「地域開発」と入力し，再度検索する。その結果，122件の図書情報を検索できた（5-4図）。

【例題2】 終末期医療について書かれた図書を検索したい。

本章の【例題1】でみたように，タイトルには自らが考えた検索語が含まれない場合も多い。検索語を変えるなどして複数の言葉で繰り返し検索するとともに，件名（キーワード）やNDCなどの分類記号といった主題からの検索も活用していきたい。

"国立国会図書館サーチ"では，『基本件名標目表』や『国立国会図書館件名標目表』『日本十進分類法』などのツールを利用するか，検索結果を吟味しながら，件名や分類記号を自ら選択しなければならない。これを支援するツールとして，"Web NDL Authorities（国立国会図書館典拠データ検索・提供サービス）"がある。ここでは，このサービスを利用して，主題からの検索を試みることにする。

①まず，"国立国会図書館サーチ"の画面最下部にある"Web NDL Authorities"のリンクをクリックし，検索画面を表示させる。

②キーワード検索の検索ボックスに「終末期医療」と入力し検索ボタンをクリックすると，2件ヒットした（5-5図）。検索結果の画面から，「終末期医療」は「ターミナルケア」という普通件名に統制されていることが確認できる。

③リンクをクリックすると，「ターミナルケア」に関する詳細情報が表示される（5-6図）。

④画面右側の「件名検索」ボタンをクリックする。"国立国会図書館サーチ"を直接検索でき，その検索結果一覧が表示される。個々の資料の書誌情報を確認してほしい。

⑤個々の資料の詳細情報を見ると，「件名（キーワード）」フィールドにある

5-5図　件名検索の結果の一例

5-6図　件名検索の詳細情報表示

「ターミナルケア」の右に検索ボタンが表示されている。これをクリックしても同じように検索できる。

ｂ．その他のサービスを利用する

■国立国会図書館オンライン（NDL ONLINE）　https://ndlonline.ndl.go.jp/
国立国会図書館が所蔵する資料やデジタルコンテンツを検索できるサービスで，図書や雑誌・新聞のほか，雑誌記事やその他の資料を一括して検索できる。"国立国会図書館サーチ"の検索対象にもなっている。検索した結果から求める文献の複写（コピー）を直接申し込めるという特徴もある（ただし，事前に利用登録が必要）。

■点字図書・録音図書全国総合目録　https://ndlonline.ndl.go.jp/　国内の公共図書館，点字図書館などで製作された点字図書，録音図書を検索できる総合目録である。"国立国会図書館オンライン"の検索窓右側にある詳細検索を有効にし，「障害者向け資料」「録音資料」から検索できるほか，"国立国会図書館サーチ"の「障害者向け資料検索」からも検索できる。

（2）国立情報学研究所

　国立情報学研究所が提供する NACSIS-CAT/ILL は，国内の大学図書館の9割以上が参加する書誌ユーティリティである。そこに蓄積された書誌・所蔵情報をもとに，次の二つの検索サービスが公開されている。

■ CiNii Books　国立情報学研究所　https://ci.nii.ac.jp/books/　全国の大学図書館等が所蔵する図書館資料（図書や雑誌等）の書誌・所蔵情報を検索できる。図書の目次情報が閲覧できるものもある。

■ Webcat Plus　国立情報学研究所　http://webcatplus.nii.ac.jp　"CiNii Books"で検索できるデータに加え，和図書には書影（表紙などの画像）が付いたり，本章3節で取りあげる"日本の古本屋"のデータが追加されたりするなど，より幅広い検索サービスを提供している。また，連想検索と呼ばれる検索システムによって，キーワードからだけではなく文章をそのまま入力して検索できるなど，ユニークなしくみをもったサービスでもある。

　いずれのデータベースも，国内で発行された図書はもちろん，国外で発行された図書，逐次刊行物も収録している。国内でもっとも有効な書誌データベー

スの一つといえよう。ここでは，"Webcat Plus" を利用した図書検索の事例を紹介する。

【例題3】 「「マイクロプラスチック汚染」解決へのアプローチ～コストへの挑戦」というウェブニュースに関連する図書を知りたい。

① "Webcat Plus" には，連想検索と一致検索の二つの検索方法がある。連想検索は，キーワードだけでなく，文章をまるごと入力しても検索できる。一致検索は，"CiNii Books" や他の OPAC 同様，キーワードを使って検索する。一致検索画面の「詳細条件を設定」ボタンをクリックすると，タイトルや著者，出版年などを個々に指定できる。

②今回は，"コトバンク" を用いてマイクロプラスチックの意味を調べ，その文章を用いて連想検索する。検索結果のうち，"知恵蔵 mini" の解説を "Webcat Plus" の連想検索画面のクエリボックスに入力する。

③「この文章で連想する」という検索ボタンをクリックすると，検索結果が表示される（5-7図）。画面右には，この検索結果の図書に関連したキーワード，すなわち連想ワードが表示されている。連想ワードをクリックすることで，さらに絞り込み検索ができる。

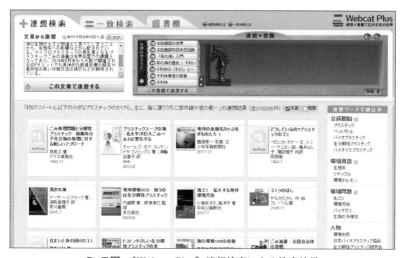

5-7図 "Webcat Plus" 連想検索による検索結果

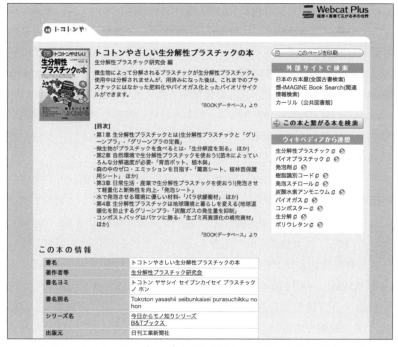

5-8図　"Webcat Plus"で検索された図書の詳細情報ページの画面例

④検索結果のタイトルをクリックすると，その図書の詳細情報が表示される（5-8図）。また，画面右の「この本と繋がる本を検索」をクリックすると，あらたな関連本を検索できる。

⑤検索した図書の所蔵情報を知りたいときは，「この本の情報」の「NCID」の番号をクリックする。"CiNii Books"を直接検索でき，その図書の所蔵館を確認できる。このほか，「全国書誌番号」の番号をクリックすると，本章2節で紹介した"国立国会図書館サーチ"での検索結果が表示される。

（3）その他の目録・書誌情報

全国各地でサービスを展開する公共図書館では，その地域に関する資料を集中的に収集している。また，ある特定の主題などに特化したコレクションを構築している大学図書館や専門図書館もある。それゆえ，これらの図書館が作成

する蔵書目録は，特定の情報要求を満たす図書を検索するうえで，重要な探索ツールとなる。最近では，これらの目録がインターネットで公開されたり，総合目録が作成され，同じくインターネットで公開されたりするなど，その利便性は飛躍的に高まってきている。ここでは，そのうちのいくつかを紹介する。

■都道府県立図書館 OPAC・相互貸借情報一覧　国立国会図書館　https://iss.ndl.go.jp/somoku/？page_id＝329　都道府県立図書館などが運営，提供する OPAC や総合目録のリンク集で，"国立国会図書館総合目録ネットワーク事業（ゆにかねっと）"のウェブサイトの一部である。

■カーリル　カーリル　https://calil.jp/　全国の公共図書館，大学図書館，専門図書館が所蔵する資料を一括して検索できるウェブサイト。地域を指定することで，身近な図書館で所蔵しているかを簡便に確認できる。"Amazon.co.jp"のほか，"ブクログ"や"読書メーター"などの SNS とも連携している。

■日本古典籍総合目録データベース　国文学研究資料館　https://base1.nijl.ac.jp/~tkoten/　国初から1867（慶応 3）年までに日本人が著編撰訳した和漢書を収録する『國書總目録』（8 巻，索引 1 巻，補訂版，岩波書店，1989-1991），その続編である『古典籍総合目録』（3 巻，岩波書店，1990）などを収録している。収録資料の一部は，画像でも閲覧できる。

■新日本古典籍総合データベース　国文学研究資料館　https://kotenseki.nijl.ac.jp/　国内外の大学や研究機関が所蔵する古典籍の書誌情報を収集，公開するウェブサイト。デジタル画像化も進められている。国文学研究資料館が中心となって実施している国際共同研究プロジェクトの成果である。

■全國漢籍データベース　全國漢籍データベース協議會　http://kanji.zinbun.kyoto-u.ac.jp/kanseki/　国内の漢籍を所蔵する図書館が組織した全國漢籍データベース協議會が推進する，いわば漢籍の総合目録データベースである。

■美術図書館横断検索　美術図書館連絡会　https://alc.opac.jp/search/all/　図書や雑誌，展示会カタログなど，美術図書館連絡会に加盟する図書館が所蔵する資料を横断して検索できる。2020年 4 月現在（2021年 1 月参照），12美術館の13図書館が加盟している。

■ WorldCat　OCLC　https://www.worldcat.org/　世界最大の書誌ユーティリティである OCLC が提供する書誌データベースで，123ヵ国から約 1 万8,000

館の図書館が参加している。収録される図書館資料の言語は多岐にわたり，英語資料が最多である一方，日本語の資料も約140万件登録されている。

【例題４】　近松門左衛門の『出世景清』の所蔵館を知りたい。また，画像で閲覧できるか。

①著名な作家や作品は，全集などに収録されることも少なくない。『出世景清』も，たとえば小学館の『新編日本古典文学全集』に収録されており，これを用いることもできる。ここでは，古典作品であること，画像での閲覧を希望していることから，"日本古典籍総合目録データベース"を利用する。

②トップページの左にある「目録検索で資料を探す」の「検索ページ」ボタンをクリックする。

③検索項目のうち，「書名（すべて）」の検索ボックスに「出世景清」と入力し，部分一致の指定を「完全一致」として，検索する。その結果，２件がヒットした。

④いずれも詳細を確認したいので，全選択ボタンをクリックしたのち，著作詳細ボタンをクリックして，詳細情報を表示させる。

⑤二つ目にヒットした「出世景清」を見ると，11機関で18冊を所蔵していることが確認できる。このうち，「image」という画像マークがあるものは，画像で閲覧できるものである。

3．出版情報を利用する

（1）オンライン書店

　図書の販売を目的としたオンライン書店では，現物を手にとることができない購買者のために，さまざまな情報，サービスを提供し，選択を支援している。たとえば，図書の書影をはじめ，目次やあらすじ，著者紹介，在庫の有無，さらには利用者による書評書き込み機能，購入履歴にもとづくおすすめ本の案内まで多様である。ここでは主なものを紹介する。

a．総合系

■Amazon.co.jp　アマゾンジャパン　https://www.amazon.co.jp/

■楽天ブックス　楽天　https://books.rakuten.co.jp/

■セブンネットショッピング　セブンネットショッピング　https://7net. omni7.jp/

b．書店系

■紀伊國屋書店ウェブストア　紀伊國屋書店　https://www.kinokuniya.co.jp/ 紀伊國屋書店が運営するオンライン書店で，電子書籍も取り扱う。

c．出版流通系

■honto　大日本印刷　https://honto.jp/　　大日本印刷が運営する紙の書籍と 電子書籍の両方を扱うオンライン書店。2016年４月に丸善＆ジュンク堂ネット ストアがサービス統合された。

■オンライン書店 e-hon　トーハン　https://www.e-hon.ne.jp/

■オンライン書店 Honya Club.com　日本出版販売　https://www.honyaclub. com/

（2）その他の出版情報

■出版書誌データベース（Books）　日本出版インフラセンター　https://www. books.or.jp/　　国内で出版された図書の書誌情報を出版社から収集し，提供 するサービス。2019年１月に，日本書籍出版協会が運営していた販売書誌ウェ ブサイト Books.or.jp が統合された。

■新書マップ　連想出版　https://shinshomap.info/　　新書・選書２万954冊 （2020年12月現在）の情報を収録したデータベースで，1,000テーマに分類され ている。テーマごとに関連したブック・リスト，図書の概要や目次のほか，読 書ガイドがある。“Webcat Plus”でも採用されている連想検索が用いられて いる。

■図録ドット JP　東京藝術大学大学美術館内ミュージアムショップ　https:// www.zuroku.jp/　　国内62（2021年１月現在）の博物館・美術館で行われた展 示会の図録を購入できる。

■日本の古本屋　東京都古書籍商業協同組合　https://www.kosho.or.jp　　全国

古書籍商組合連合会に加盟する古書店が参加できる古書のオンライン販売サイト。東京都古書籍商業協同組合が運営する。

■スーパー源氏　紫式部　https://www.supergenji.jp　　全国300店舗の古書店が加盟する古書のオンライン販売サイト。旧"インターネット古書店案内"。

■BOOK TOWN じんぼう　連想出版　http://jimbou.info　　"新書マップ"と同じ連想出版が運営するウェブサイト。本の街として知られる神田神保町にある古書店および新刊書店を調べられるほか，各書店の在庫も検索できる。

4．各種書誌を利用する

（1）一次書誌

　図書をはじめとする文献を包括的，網羅的に収録した書誌は，一次書誌あるいは一般書誌と呼ばれる。主として図書を対象とした一次書誌には，全国書誌や販売書誌が挙げられる。

a．全国書誌

　全国書誌とは，特定の国の出版物を網羅的に収録した書誌で，一般に国立図書館が納本制度によって収集した資料をもとに作成する。国立図書館のOPACに加え，ウェブサイト，MARCなどによって提供される。日本，米国，英国の国立図書館が提供する全国書誌は，以下に示すとおりである。

①日本：国立国会図書館

■JAPAN/MARC データ　国立国会図書館　https://www.ndl.go.jp/jp/data/data_service/jnb_product.html　MARC21フォーマットで提供されるJAPAN/MARCデータ。毎週更新される。

②米国：Library of Congress

■Library of Congress Online Catalog　https://catalog.loc.gov/

③英国：British Library

■*British National Bibliography*　1950-　（年刊）

■Explore the British Library　http://explore.bl.uk/primo_library/libweb/action/search.do?vid=BLVU1

b．販売書誌の例

■*Books in Print*　R. R. Bowker　1948-　（年刊）　北米で出版された出版物を収録した書誌。同名のデータベース United States Edition（有料）に加え，英語圏の出版物を対象とした Global Edition（有料）がある。

■BOOKPAGE 本の年鑑　日外アソシエーツ　1988-　（年刊）　前年に発行された図書の書誌情報，要旨あるいは目次を収録している。1,000のテーマ，トピックから検索できるほか，事項名索引，書名索引，著者名索引がある。同社が提供する "BookPlus" は，このデータを元に作成されている。

■出版年鑑　出版ニュース社　1951-2018　（年刊）　旬刊で発行される『出版ニュース』（2019年３月で休刊）１年分をもとに編集された年鑑で，出版に関する情報を収録した「資料・名簿編」と新刊出版物を収載した「目録編」からなる。

■日本件名図書目録　日外アソシエーツ　1986-　（年刊）　主として前年に発行された図書を件名見出しの下で排列したもので，「人名・地名・団体名」編と「件名」編からなる。1985年以前に刊行された出版物を対象とした累積版（56/69，70/76，77/84）もある。

（２）二次書誌

　二次書誌とは，なんらかの選択基準を設けて収録対象を選択，リスト化した書誌のことである。資料の利用対象などを想定して編集された選択書誌，あるテーマに関する資料を集めた主題書誌，特定の個人の著作や関連文献を収録した個人書誌，収録した資料に解題が付されている解題書誌，翻訳書を収載した翻訳書誌，『官報』や白書，統計書をはじめとする国または地方公共団体の刊行物を中心に収録する官公庁刊行物書誌などがある。ここでは，そのいくつかを紹介する。

a．選択書誌の例

■世界名著大事典　オリジナル新版　平凡社　1987-1989　17冊
■選定図書総目録　日本図書館協会　1951-2016　（年刊）　日本図書館協会では，図書選定委員会が公共図書館などの読書施設に備えるのに望ましい図書を，読者対象ごとに選んで，『選定図書速報』（年間42から43回）を発行してき

た（2016年3月で終刊）。これに解題を付したものが本資料である。2007年版からCD-ROMで発行されてきたが，2016年版で終刊した。

■学校図書館基本図書目録　全国学校図書館協議会　1952-2014　（年刊）

b．主題書誌の例

　主題ごとにさまざまな資料があるので，ここでは一つひとつを列挙できないが，たとえば日外アソシエーツが発行する『思想哲学書全情報』といった類いの資料がある。同社の「20世紀文献要覧大系」というシリーズもこれに該当する。

　このほか，次のような無料あるいは有料の検索サイトがある。

■学術研究データベース・リポジトリ　国立情報学研究所　https://dbr.nii.ac.jp/infolib/meta_pub/G9200001CROSS　　経済学や社会学，地理学，家政学など，23の文献データベースが収録されている。2021年3月に終了。

■闘病記ライブラリー　連想出版　http://toubyoki.info/　　闘病記に関する資料700冊（2006年6月現在，2021年1月参照）が，約200の病名ごとに検索できる。

■メディア芸術データベース　文化庁　https://mediaarts-db.bunka.go.jp/　文化庁のメディア芸術デジタルアーカイブ事業によって収集されたマンガ，アニメーション，ゲーム，メディアアートの作品情報や所蔵情報を検索できる。

c．翻訳書誌の例

■翻訳図書目録　明治・大正・昭和戦前期　45/76，77/84，84/88，88/92，92/96，1996-2000，2000-2003，2004-2007，2008-2010，2011-2013，2014-2016，2017-2019　日外アソシエーツ　1984-　「45/92　芸術・文学編」「45/92　総記・人文・社会編」「45/92　科学・技術・産業編」「1992-2000」のCD-ROM版がある。

■翻訳小説全情報　45/92，93/97，1998-2000，2001-2003，2004-2006，2007-2009，2010-2012，2013-2015，2016-2018　日外アソシエーツ　1994-

■明治・大正・昭和翻訳文学目録　再版　風間書房　1972　779p.

■リサーチ・ナビ（日本の絵本・児童書が海外に翻訳されたものを探す）　国立国会図書館　https://rnavi.ndl.go.jp/research_guide/entry/post-620.php

■ *The Literatures of the World in English Translation: A Bibliography* Ungar　1967-1970

ｄ．官公庁刊行物書誌の例

■政府刊行物等総合目録　1972年版 -2011年版　全国官報販売協同組合　1971-2010　（年刊）　同組合が運営するオンライン書店（https://www.gov-book.or.jp/book/）もある。

■政府刊行物月報　政府刊行物普及協議会編　国立印刷局　1961-2007　（月刊）　2007年4月以降，"政府広報オンライン"のなかに「政府刊行物月報」（https://www.gov-online.go.jp/data_room/publication/）として掲載されている。

■政府資料アブストラクト　政府資料等普及調査会／資料センター　1983-2012　（月刊）

■e-Gov　総務省　https://www.e-gov.go.jp/　省庁等の政府機関が発行する白書や年次報告書，統計調査結果等へのリンクが提供されている。

5．電子図書館サービスを利用する

　目録や書誌といった二次資料だけでなく，本文そのものの電子化およびインターネットを利用した公開（有料無料いずれを問わず）が広がっている。各図書館で所蔵する貴重書コレクションの電子化・公開をはじめ，国立国会図書館やGoogleなどが著作権に配慮しながら，図書館所蔵資料の電子化を進めている。最近では，電子書籍も登場し，図書館コレクションの一部として提供する動きも拡大している。

（1）図書館による電子コレクション

■国立国会図書館デジタルコレクション　国立国会図書館　https://dl.ndl.go.jp/　国立国会図書館が所蔵する資料をデジタル化したもの，および同館が収集したウェブ上の刊行物を検索できる。一般に公開されているものもあれば，国立国会図書館内での閲覧のみに限定されているものもある。後者のうち，絶版等の理由で入手困難な資料を国内の図書館で閲覧できる「図書館向けデジタル化送信サービス」が2014年1月から始まった。

　一般のOPAC同様，書誌情報から検索できるほか，"国立国会図書館サーチ"や"国立国会図書館オンライン""CiNii Articles""CiNii Books""Webcat

Plus"からも当該作品にリンクがはられている。なお，収録されている資料の
電子データは画像形式のため，全文検索はできない。

　このほか，貴重書コレクションをはじめ，所蔵資料を電子化して公開する図
書館や博物館も多い。2009年に国立国会図書館が行った調査によれば，560機
関が実施しているという[3]。

（2）その他のウェブサイト

■青空文庫　青空文庫　https://www.aozora.gr.jp/　　基本的に著作権の保護期
間を終了した著作物をデジタル化（テキスト形式あるいは XHTML（一部
HTML）形式）して，インターネットで公開するウェブサイトで，1997年に
開設された。2021年1月現在，約1万6,300点の作品が無料で閲覧できる。

■Free eBooks Project Gutenberg　Project Gutenberg　https://www.guten
berg.org/　　青空文庫同様，基本的に著作権の保護期間が終了した図書を電子
化してインターネットで公開するウェブサイトで，1971年に開始された。2021
年1月現在，約6万点が登録されている。

■Google ブックス　Google　https://books.google.co.jp/　　2004年10月に開
始された Google のサービスの一つで，図書館プロジェクトと呼ばれる図書館
蔵書の電子化と，出版社から提供された図書の電子化という二つの方法によっ
てコンテンツが構築されている。本サービスの大きな特徴の一つは，本文を検
索できることである。また，著作権の状況に応じて，本文の一部あるいは全部
を閲覧できる。有料のものでも，目次や索引を公開している場合が多いので，
調べものにも有効である。

■Hathi Trust Digital Library　HathiTrust　https://www.hathitrust.org/　　米
国の研究・大学図書館を中心に，各館が所有するデジタル資料を保存，公開す
るデジタルリポジトリである。米国の12大学で構成されるコンソーシアム CIC
（Committee on Institutional Cooperation）とカリフォルニア大学の11校の図
書館が2008年に共同で設立した。2021年1月現在，約1,700万件の図書や逐次

3：国立国会図書館. "文化・学術機関におけるデジタルアーカイブ等の運営に関する調査研
　　究". カレントアウェアネス・ポータル. 2010. http://current.ndl.go.jp/FY2009_rese
　　arch, （参照2020-08-06）.

刊行物が収録されており，このうち39％がパブリックドメインで公開されている。

■ Europeana　Europeana Foundation　https://www.europeana.eu/　　EU 域内の図書館や博物館などがウェブで公開するデジタル資料を検索できるポータルサイト。2008年にプロトタイプが公開された。2020年現在，5,800万件のデジタル資料を利用できる。

■ World Digital Library　Library of Congress　https://www.wdl.org/en/　UNESCO と米国議会図書館が中心となって設立したウェブサイトで，世界各国の国立図書館，文書館，博物館などが参加し，各館が所蔵する手稿や地図，貴重書などを電子化してウェブ上に公開している。

■ Digital Book Index　http://www.digitalbookindex.org/　　個人による運営であるが，商業出版社をはじめ，大学やその他機関で提供される電子書籍を検索できる。

■ IMSLP Petrucci Music Score Library Project　Ottavian Petrucci　https://imslp.org/　　パブリックドメインの楽譜を中心に，無料で利用できる楽譜を収集，公開しているウェブサイトである。IMSLP は，International Music Score Library Project（国際楽譜図書館プロジェクト）の略である。別名ペトルッチ楽譜ライブラリー（Petrucci Music Library）ともいう。

（3）図書館と電子書籍の提供

　電子書籍が普及するなか，図書館でもこれらの取り扱いが課題の一つとなっている。大学図書館では電子ジャーナルの普及とともに，研究書を主とした海外の電子書籍が早くから提供されてきた。公共図書館においても国内で発行される電子書籍の導入が始まっている。

　このほか，図書館が導入しているデータベースのなかにも，電子書籍コンテンツが含まれている例も少なくない。たとえば，ネットアドバンスが提供する"JapanKnowledge"には，レファレンス・コレクションのほか，叢書として，平凡社の『東洋文庫』，小学館の『新編日本古典文学全集』，白水社の『文庫クセジュベストコレクション』も収録されている。

6章 | 雑誌および雑誌記事の探し方

1. 雑誌および雑誌記事の特徴とそのアプローチ

定期，あるいは不定期に発行される雑誌には，その1号1号に複数の雑誌記事（論文）が掲載されている。ふだんから閲覧する雑誌が決まっていれば，その雑誌が到着し次第，手にとって目次を眺めたり，ブラウジングしたりすることで，求める論文が得られるかもしれない。しかし，数多くの雑誌のなかから求める論文を探すためには，これだけでは不十分である。そのため，雑誌論文を探すためのツールが必要となる。

海外，特に欧米では，早くから雑誌論文を検索するための索引誌や抄録誌といった二次資料が刊行され，これが基礎となって書誌データベースが発達してきた。最近では，海外の学術雑誌のほとんどが電子ジャーナル化されており，利用者は書誌データベースを検索し，検索結果のなかから必要な文献のリンクをたどって本文を閲覧するといったことが当たり前となってきている。

日本でも，国内の学術雑誌の電子化が進みつつある。しかしながら，書誌データベースの整備は，海外のそれと比べ十分とは言えない。したがって，雑誌論文の検索にあたっては，既存のレファレンスブックをはじめとする冊子体のツールも上手に活用したい。

求める雑誌論文が見つかったら，掲載されている雑誌の所蔵情報を確認する必要がある。身近な図書館の蔵書目録を利用して検索するのが一般的であるが，その図書館で所蔵していないときは，総合目録を利用して他館の所蔵状況を検索し，図書館間相互貸借を依頼することもあるだろう。もし求める雑誌が見つからない場合には，その書誌情報が間違っている可能性も否定できない。その場合は，逐次刊行物リストなどを使って，雑誌そのものを調査する必要がある。

本章では，以上のような特徴をふまえ，国内の雑誌および雑誌論文の探し方

を中心に，主要な検索ツールを紹介する。

2．雑誌記事を探す

（1）国立情報学研究所

a．CiNii Articles

■CiNii Articles　国立情報学研究所　https://ci.nii.ac.jp/　　"CiNii（サイニィ）Articles"は，国内で発行された雑誌論文の書誌情報が検索できるデータベースである。国立国会図書館が作成・提供する"雑誌記事索引"を含む，約2,200万件の論文情報が検索できる（2020年3月現在（2021年1月参照））。また，科学技術振興機構（JST）の"J-STAGE"や，各大学の機関リポジトリなどに収録される文献の本文にリンクがはられているものもある。このほか，自然科学分野を中心とした学術雑誌に掲載された文献の引用情報も収録されており，一部の文献にとどまるが，引用をたどった検索もできる。

　6-1図は，"CiNii Articles"の詳細検索のトップページである。フリーワードと表示された検索ボックスにキーワードを入れると，論文名，著者名，著

6-1図　"CiNii Articles"の詳細検索のトップ画面

者所属，刊行物名（掲載誌名），ISSN，抄録等を対象に検索する。検索ボタン
の下にある詳細検索リンクをクリックすると，上述の書誌情報を指定して検索
できる。

　検索には，論理演算（AND，OR，NOT）が利用できるほか，丸括弧を利
用して論理演算の優先順位を指定できる。また，スラッシュを利用した完全一
致検索（例：/大学図書館/）に加え，空白文字列を含むフレーズ検索（例：
"information literacy"），アスタリスクを利用した前方一致検索（例：librar*
で library，libraries，librarianship などが検索できる）や後方一致検索（例：
*ship で librarianship，partnership，membership などが検索できる）といっ
た機能もある（これら3種の検索は1バイト文字でのみ使用できる）。

【例題1】　自然エネルギーを利用した植物工場について書かれた論文を読みたい。
①検索ボックスに「自然エネルギー　植物工場」と入力して，検索ボタンをク
　リックすると，検索結果の件数および書誌情報の一覧が表示される（6-2
　図）。
②論文名をクリックすると，その論文の詳細情報が閲覧できる（6-3図）。

6-2図　"CiNii Articles" 検索結果の一覧画面

6-3図 論文の詳細情報画面例

③論文本文がインターネットで公開されている場合，「この論文にアクセスする」という領域にリンクボタンが表示される。本文が閲覧できなくとも，「この論文をさがす」という領域に"CiNii Books"や"NDL ONLINE"などへのリンクが表示されるので，国内の大学図書館等の所蔵情報を検索したり，国立国会図書館の複写サービスを利用したりすることもできる。

④求める論文が見つかったら，著者にも注目したい。類似の論文を執筆している可能性があるからである。"CiNii Articles"の論文詳細画面では，著者名にリンクがはられており，これをクリックするだけで，同一著者名で検索できる。複数の著者が検索される場合があるものの，論文名や所属を頼りに該当する著者名のリンクをクリックすると，他の文献を検索することができる（6-4図）。

⑤このほか，"CiNii Articles"では統制語検索ができないので，検索語を工夫する必要がある。たとえば，「自然エネルギー」といっても太陽光や風力，水力，地熱，バイオマスなど，さまざまなエネルギーが考えられる。検索結

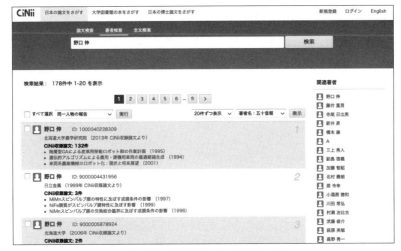

6-4図　著者名による検索の一例

　果を参照しつつ，論理演算も活用して適切な検索を行うよう心がけたい。

b．その他のサービス

　国立情報学研究所では，"CiNii Articles" に加え，5章で紹介した "CiNii Books" や "Webcat Plus"，国内の博士論文を検索できる "CiNii Dissertations"，科学研究費補助金の採択課題やその概要を検索できる "KAKEN"，機関リポジトリに収録された学術情報を一括して検索できる "IRDB（学術機関リポジトリデータベース）" といったデータベースを提供している。このうち，"CiNii Books""CiNii Dissertations""KAKEN""IRDB（学術機関リポジトリデータベース）" を含む，研究情報資源を統合して検索できる "CiNii Research プレ版"（https://cir.nii.ac.jp/ja）が2020年11月に公開された。

（2）その他の雑誌記事索引

　雑誌記事索引の利用にあたり，確認すべき事項の一つがデータの収録範囲である。その検索ツールはどのくらいの雑誌を収録しているのか，どのような分野の論文を検索できるのか，またどの年代のものを探索できるのかといったことに留意する必要がある。

　雑誌によっては，巻ごとに年間の総目次や総索引を発行したり，それらをま

とめた累積版を出したりすることもある。また，複数の雑誌の目次や索引をまとめたレファレンスブックもある。本節では扱わないが，こうしたツールの活用も念頭に置きたい。

a．総合

■国立国会図書館オンライン（NDL ONLINE）　国立国会図書館　https://ndlonline.ndl.go.jp/　　1948年以降の国内の学術雑誌を中心に掲載された雑誌論文を検索できる。2020年8月現在，2万4,478誌（採録中1万895誌）が収録されている。検索するには，"国立国会図書館オンライン"の検索窓右側にある詳細検索を有効にし，「雑誌記事」というタブをクリックする。

■大宅壮一文庫雑誌記事索引総目録　大宅壮一文庫　1985　13冊　　一般向けの月刊誌や週刊誌，女性誌などの雑誌記事を中心に収録した雑誌記事索引で，明治時代から1984年4月までのものが検索できる。その後，「1985-1987」「1988-1995」の追補版が発行されている。CD-ROM版は1992年から2008年までの記事を収録対象としているほか，明治時代から現在までをカバーする"大宅壮一文庫雑誌記事索引検索 Web 版（Web OYA-bunko)"がある（有料，https://www.oya-bunko.com/）。

■ MagazinePlus　日外アソシエーツ　https://www.nichigai.co.jp/database/mag-plus.html　　2021年1月現在（2021年1月参照）雑誌3万2,765誌，図書1万3,124冊に掲載された約2,105万件の雑誌記事や論文を検索できる有料データベースである。国立国会図書館の"雑誌記事索引"も含まれる。このほか，『学会年報・研究報告論文総覧』など，同社が発行する書誌も収録している。

■雑誌記事索引集成データベース「ざっさくプラス」　皓星社　https://zassaku-plus.com/　　国立国会図書館の"雑誌記事索引"に加え，皓星社が刊行した"明治・大正・昭和前期雑誌記事索引集成"などが検索できる。有料であるが，戦前の文献検索に有効なデータベースである。

【例題2】　モナ・リザが日本で公開されたときの様子を扱った雑誌記事を読みたい。

① 「公開されたときの様子」ということなので，大衆誌の記事検索を想定し，『大宅壮一文庫雑誌記事索引総目録』を利用する。

②モナ・リザが公開された日時がわかると，どの版のものを調べればよいか判断できる。ウェブ情報資源などを使って調べたところ，1974年であった。したがって，1985年に出版されたものを利用する。

③「件名総索引」が付いているので，これを使って「モナ・リザ」で検索すると，「モナリザ日本公開→モナリザ⑤125」という見出し語が見つかる。

④5巻の125ページを見ると，「モナリザ」という小項目のもとに，62件の記事が列挙されている。すべてが日本公開についての記事ではないが，たとえば『女性セブン』1974年4月10日発行の37ページに「モナリザとのデイトはおひとり0.9秒に願いま〜す　4月20日日本大公開！」という記事が見つかる。

b．主題分野

■法律判例文献情報　第一法規　1981-　（月刊）　法律関係図書および雑誌論文，判例に関する書誌情報を収録している。同名のCD-ROMのほか，商用データベース“D1-Law.com”（有料，https://dtp-cm.d1-law.com/，12章1節5項参照）でも検索できる。

■教育研究論文索引　国立教育政策研究所教育図書館　https://nierlib.nier.go.jp/lib/database/RONBUN/

■医中誌Web　医学中央雑誌刊行会　https://www.jamas.or.jp/　1903（明治36）年創刊の抄録誌『医学中央雑誌』（1996年から索引誌）のウェブデータベース（有料）である。冊子体（月刊誌）は2002年，冊子体（年間累積版）は2005年で終刊した。

■日本語研究・日本語教育文献データベース　国立国語研究所　https://bibdb.ninjal.ac.jp/bunken/ja/

■国文学論文目録データベース　国文学研究資料館　https://base1.nijl.ac.jp/~rombun/　国文学研究資料館所蔵の日本国内で発表された雑誌，紀要，単行本（論文集）等に収められた，日本文学・日本語学・日本語教育の研究論文に関する情報を収録している。

【例題3】　ドナルド・キーンが著した三島由紀夫に関する文献を知りたい。

①国文学に関する文献を求めているので，“国文学論文目録データベース”を用いることとする。

②検索画面は，キーワード検索と詳細検索の二つがある。ここでは詳細検索を用いる。画面左のメニューの中から，「より詳細な条件で探す」というリンクをクリックする。

③論文表題を「三島由紀夫」，論文執筆者を「キーン」と入力して検索すると，9件がヒットした。画面左に列挙された検索結果の論題表題をクリックすると，その文献の詳細が表示される。

④ここで念のため，検索対象を全ての項目に設定して，「三島由紀夫」と再検索した。その結果，2件追加されてヒット件数が11件となった。論題表題に「三島」とあるものに加え，詳細表示しても「三島由紀夫」がどこにもないものも1件ヒットした。これは，人手で索引語を付与しているが，その内容は画面上には表示されないためである。

⑤また，「キーン」は日本語表記なので，原綴である「Keene」も加え，OR検索を試みる。このデータベースでは同じフィールド中でOR検索する場合は「|」（パイプ記号）を用いるので，「キーン|Keene」と表記して検索する。その結果，件数は12件になり，あらたに1件がヒットした。このように，データベースの特徴に留意しつつ，キーワードの選択を工夫しながら，検索を行いたい。

c．海外

■Google Scholar　Google　https://scholar.google.co.jp/　研究論文や研究図書など，学術情報に特化したGoogleの検索サービスである。論理演算やフレーズ検索が利用できるほか，検索オプションを用いると著者や出典，日付を指定して検索できる（6-5図）。検索オプションは画面左上のメニューボタンをクリックして選択する。

■ERIC　Education Resources Information Center　Institute of Education Sciences　https://eric.ed.gov/　教育学分野の雑誌論文や図書，会議録等を収録するデータベース。*Current Index to Journals in Education*（1969-2001）が元となっている。

■PubMed　National Center for Biotechnology Information（NCBI），National Library of Medicine　https://pubmed.ncbi.nlm.nih.gov/　医学，歯学，看護学をはじめ，生命科学，保健科学分野を収録対象とする文献データベース

6-5図　"Google Scholar" の検索オプション画面

"MEDLINE" の収録データを核として，無料で提供される検索サービスである。論文のフルテキストへのリンクも備える。

（3）引用文献索引

　ある論文の引用文献から芋づる式に文献を探すというのは，文献検索ではよく行われる手法である。引用・被引用の関係にある二つの論文は，類似の主題を扱っていることが多いからである。芋づる式の情報検索の場合，その論文が引用した論文，すなわちその論文よりも過去の論文を検索することになる。この特性を逆に生かし，ある論文を引用した論文，すなわちその論文よりも未来の論文を検索するためのツールが引用文献索引である。

■ Web of Science　Clarivate　https://clarivate.jp/products/web-of-science/
ガーフィールド（Eugene Garfield）が設立した Institute for Scientific Information（ISI）が発行してきた索引誌を収録するデータベース。*Science Citation Index*（1961-　），*Social Sciences Citation Index*（1969-　），*Arts & Hu-*

manities Citation Index（1976-　）の三誌があり，各主題分野のコアジャーナルを中心に採録する。このデータをもとにジャーナルインパクトファクター（Journal Impact Factor, JIF）などが算出され，"InCites Journal Citation Reports"として提供される。

■ Scopus　Elsevier　https://www.scopus.com/　　世界最大手の学術出版社Elsevier が提供する書誌データベース。引用文献からも検索できる。

（4）抄録誌など

　抄録誌は雑誌論文の書誌情報に加え，その内容を要約した抄録が付いた二次資料である。利用者は抄録によって論文の内容をある程度得られるので，読む読まないを判断でき，時間やコストの削減にもつながる。最近ではそのほとんどがデータベースとして提供されている。ここでは抄録誌が元となった主要なデータベースを紹介する。これらのデータベースは，有料の情報検索システムである"JDream Ⅲ""STN""Dialog"等から提供されている。

■ JSTPlus　科学技術振興機構　　世界中の科学技術分野の学術雑誌論文の書誌情報および抄録を収録している。抄録を日本語で読めるのが特徴である。抄録誌『科学技術文献速報』（1958-　）が元となっており，1958年4月から1975年3月までを収録する"JST5874"，1975年4月から1981年3月までを収録する"JST7580"もある。"JDream Ⅲ"で利用できる。

■ BIOSIS　Clarivate　［生命科学］　*Biological Abstracts*（1926-2018）

■ CAplus　CAS（Chemical Abstracts Service）　［化学］　*Chemical Abstracts*（1907-2009）

■ Ei Compendex　Elsevier Engineering Information　［工学］　*Engineering Index*（1884-2011）

■ Embase　Elsevier　［医学・薬学］　*Excerpta Medica*（1947-2010）

■ LISTA　EBSCO　［図書館情報学］　*Library, Information Science & Technology Abstracts*（1969-2017）

■ PsycINFO　American Psychological Association　［心理学］　*Psychological Abstracts*（1927-2006）

■ INSPEC　The Institute of Engineering and Technology　［物理学］　*Phys-*

ics Abstracts（1898-　）

　なお，抄録誌ではないが，複数の学術雑誌の目次のみを集めて発行される目次速報誌 *Current Contents*（1958-2018）というユニークな逐次刊行物に端を発するデータベースもある。

■Current Contents Connect　Clarivate　　「Agriculture, Biology & Environmental Sciences」をはじめ，「Arts & Humanities」「Clinical Medicine」など，7 分野に分けて発行される目次速報誌 *Current Contents* を基にしたデータベース。

（5）図書館作成の書誌

　図書館は，利用者のニーズをもとらえながらコレクションを構築するが，同時にそれらを検索するためのツールを自作するところも少なくない。これは一般に自館作成ツールと呼ばれる。ここでは，こうしたツールを図書館のウェブサイトで公開している事例を三つ紹介する。

■新潟県立図書館郷土人物／雑誌記事索引データベース　新潟県立図書館 https://www.pref-lib.niigata.niigata.jp/jz/?page_id=1139　　新潟県立図書館が所蔵する新潟県に関係する雑誌に掲載された論文や記事を検索できる。

■沖縄文献情報データベース　琉球大学附属図書館　http://manwe.lib.u-ryukyu.ac.jp/bidoms/　　沖縄に関する文献を集めたデータベースで，300誌（2021年1月参照）を収録対象としている。

■杉野服飾大学附属図書館　資料の検索　杉野服飾大学附属図書館　https://www.sugino.ac.jp/lib/search/　　杉野服飾大学附属図書館の WebOPAC は，大学の専門性に合わせ，所蔵図書のほか，服飾関係論文や朝日新聞・読売新聞に掲載された服飾に関する新聞記事も検索できるサービスを提供している。

3．逐次刊行物を探す

（1）逐次刊行物リスト

■雑誌新聞総かたろぐ　1979年版-2019年版　メディア・リサーチ・センター

1978-2019　（年刊）　国内で発行されている雑誌や機関誌，新聞，要覧，通信などの逐次刊行物の書誌情報，発行部数，広告の有無および料金，読者層，内容解説などを収録している。2019年版をもって休刊となっている。

■日本新聞雑誌便覧　日本新聞雑誌調査会　1965-2003　（年刊）

■*Ulrich's Periodicals Directory*　ProQuest　1932-2020　（年刊）　世界中の逐次刊行物24万7,000タイトル（2020年版）の書誌情報を収録している。有料のウェブサービス "Ulrichsweb"（https://ulrichsweb.serialssolutions.com/）もある。

【例題４】　『暮しの手帖』とはどのような雑誌か。出版者，発行頻度，価格，
　　　　　　発行部数と年間購読料も知りたい。

①『雑誌新聞総かたろぐ』2019年版を利用して，巻末のタイトル索引で検索する。

②「生活情報」分野の該当ページに同タイトルの雑誌が見つかる。

③株式会社暮しの手帖社が発行する隔月刊誌で，「日々の暮らしの中に生まれる小さな奇跡，そして，ささやかな工夫や発案，知恵を読者と分かち合い，暮らしを大切に，美しく，楽しくする生活実用雑誌である」と紹介されている。発行部数は20万部，単価は980円，年間購読料は送料込みで6,780円である。

（2）図書館目録

　国立図書館や大学図書館等が作成する蔵書目録あるいは総合目録は，所蔵を知るだけでなく，書誌情報を確認するツールとしても有効である。ここでは，次の二つを例示しておく。

■国立国会図書館オンライン（NDL ONLINE）　国立国会図書館　https://ndlonline.ndl.go.jp/　冊子体の『国立国会図書館所蔵国内逐次刊行物目録.平成９年末現在』（1998）とその追録版（平成10年１月-11年６月）（1999）が発行されていたが，それ以降は "国立国会図書館オンライン" での提供となっている。

■CiNii Books　国立情報学研究所　https://ci.nii.ac.jp/books/　国立情報学研究所が運用する目録所在情報サービス（NACSIS-CAT）に蓄積されてきた全国の大学図書館等1,341館が所蔵する，約1,252万件（のべ約１億4,067万冊）

の本の情報や，約178万件の著者の情報を検索することができる（2020年8月
現在，2020年8月参照）。本データベースの基礎となった冊子体の『学術雑誌
総合目録』は，和文編と欧文編があり，それぞれ2000年版と1998年版で刊行が
終了した。なお，同書は1953年に文部省が刊行を開始したことに端を発する。

【例題5】　『日本緑化工学会誌』という雑誌の31巻2号に掲載された論文を読
　　　　　みたいが，どの図書館で所蔵しているか。

①"CiNii Books"の詳細検索から，「雑誌」を選択したうえでタイトルから検
　索すると，3件がヒットする。

②該当するタイトルをクリックして，所蔵情報を確認する（6-6図）。なお，
　所蔵巻号の見方には注意が必要である。この雑誌は4号で1巻という構成を
　とっているが，たとえば，31巻の1号から4号をすべて所蔵している場合は，
　そのまま「31」と表記されるが，2号が欠号している場合，「31(1,3-4)」と
　表記される。

③なお，ヒットした残りの2件は「機械可読データファイル（リモートファイ
　ル）」と表示されている。これは，この雑誌が次節でとりあげる電子ジャー

6-6図　"CiNii Books"図書・雑誌詳細表示画面

ナルでも発行されていることを示している。雑誌によっては，図書館に出向かなくても論文を入手できることもあるので，さまざまな方法で検索を試みるとよい。

4．電子ジャーナルを利用する

　本章1節でも触れたが，学術雑誌の電子化が進み，利用者である研究者や学生は，図書館に行かなくても論文を検索し，閲覧できるのが当たり前となってきた。たとえば，Elsevier の "ScienceDirect" は，約3,800誌以上の電子ジャーナルを提供する世界最大のサービスである。

　もちろん，その多くは有料であるが，無料で利用できるものも少なくない。無料で閲覧できるもののなかには，オープンアクセス雑誌と呼ばれるものが含まれる。商業出版社による学術出版の寡占化のため，雑誌の価格高騰が問題となった際（これを一般にシリアルズクライシスという），あらたな学術情報流通の手段の一つとして提案されたものである。最近では，商業出版社が発行する学術雑誌でもオープンアクセス雑誌が発行されたり，論文単位で無料で閲覧できるものもある[1]。また，大学等の研究機関が，所属する研究者の論文を収集し，インターネットで無料で公開する機関リポジトリというサービスも普及している。

　以下では，国内の主要なサービスを中心に紹介する。

■J-STAGE　科学技術振興機構　https://www.jstage.jst.go.jp/browse/-char/ja
国内の学協会が発行する学術雑誌3,216誌（2021年1月現在）を登載する電子ジャーナル提供サービスである。有料のものもあるが，無料で提供されるものも多い。2012年5月に，過去に発行された学術雑誌を電子化して，無料で公開する "Journal@rchive" という電子ジャーナル・アーカイブ・サービスが統合された。

■CiNii Articles　国立情報学研究所　https://ci.nii.ac.jp/
■IRDB（学術機関リポジトリデータベース）　国立情報学研究所　https://

1：読者が閲覧するためのコストは，著者が負担することが一般的である。

irdb.nii.ac.jp/　　国内の機関リポジトリに収録された論文等を横断的に検索できるサービスである。

■ERDB-JP　大学図書館と国立情報学研究所との連携・協力推進会議これからの学術情報システム構築検討委員会電子リソースデータ共有作業部会 https://erdb-jp.nii.ac.jp/　　主として国内で発行された学術的な電子ジャーナル，電子書籍の情報共有を目的として作成されたデータベースで，検索もできる。2020年8月現在，2万682件のデータが収録されている。

■Directory of Open Access Journals（DOAJ）　Lund University　https://doaj.org/　　2003年にスウェーデンのルンド大学図書館が開設した，世界中のオープンアクセス雑誌を検索できるウェブサイトで，1万5,032誌（2020年8月現在）が収録されている。

7章 | 新聞記事の探し方

1. 新聞記事の特徴とそのアプローチ

　世の中の出来事をいちはやく読者に届けることを目的としたメディアが新聞である。あらゆる分野を網羅した一般紙から，主題に特化した専門紙にいたるまで，その種類もさまざまである。また，掲載するニュースの鮮度に応じて，刊行頻度も日刊，週刊，月刊と多様である。

　新聞およびそこに掲載される個々の新聞記事は，発行された時期の社会事情を検討する資料としても有効である。しかしながら，新聞原紙の品質は高くないため，保存にあたっては相応の手当てを行う必要がある。また，保管場所の確保も課題の一つとなる。

　一般に，新聞は原紙のほか，縮刷版やマイクロフィルム等による再配布も行われている。また，オンラインデータベースでも提供されている。新聞記事を検索できる新聞記事索引がいくつかあるものの，検索範囲などの点から検索ツールとしては不十分であった。新聞記事がデータベース化されたことにより，全文を対象とした検索が可能となり，その場で本文を閲覧できるようになった。ただし，すべての期間の新聞記事が全文検索の対象とはなっていない。また，依頼原稿など，記事の執筆者の意向により，すべての記事がオンラインで提供されているわけではないので，原紙あるいは縮刷版などを使って，オリジナル記事にあたる必要が生じる場合もある。

　速報性という点からは，インターネットによって配信されるニュースは，日常生活に欠かせない情報資源となっている。新聞社やテレビ局のウェブサイトでもニュース速報を掲載している。このほか，新聞社やテレビ局等が配信したニュースを集めたニュースサイトもある。

　さらに日本経済新聞社をはじめ，国内外の新聞社はパソコンやスマートフォ

ン，タブレット PC 向けに電子版を配信している。アメリカの *New York Times* は，電子的な配信にシフトしてきている。イギリスの *Independent* のように紙媒体での発行をやめ，電子版のみとする新聞社も現れてきている。こうした傾向は今後，急速に拡大する可能性も否定できない。

　最近では Twitter や Facebook などのソーシャルメディアが普及し，ニュースもまた，いわゆるマスコミによる情報提供だけでなく，フリージャーナリストをはじめ，さまざまな人による多様な視点，観点から提供されている。同時に，ソーシャルメディアを活用した情報伝播は，情報の流通をも変えつつある。2011年3月に起きた東日本大震災での被害状況や，それに伴う福島第一原子力発電所の事故に関する Twitter での情報発信がその一例といえよう。

2．オンラインデータベースを利用する

（1）朝日新聞記事データベース

■聞蔵Ⅱビジュアル　朝日新聞社　https://database.asahi.com/　　朝日新聞では，図書館向けに1985年以降の『朝日新聞』『週刊朝日』『AERA』『知恵蔵』に掲載された記事を検索できる "聞蔵Ⅱテキスト" と，1879（明治12）年の創刊号から1999年までの縮刷版の紙面を画像化したデータベースや新聞記事の切り抜き画像（2005年11月以降）をも利用できる "聞蔵Ⅱビジュアル" を有料で提供している。

【例題1】　元イギリス皇太子妃のダイアナさんが来日したときの新聞記事を読みたい。
①発行日を「全期間」として，「ダイアナ」や「ダイアナ＆来日」で検索すると，多数の記事がヒットする。そこで，ダイアナさんが来日した日付を確認し，発行日を絞って検索する。
②インターネットで確認したところ，1986年5月であることがわかった。そこで，発行日を1986年の1年間に絞って検索した（7-1図）。その結果，41件がヒットした。

7-1図 "聞蔵Ⅱビジュアル"の検索画面

③たとえば，5月9日の朝刊1面には「英皇太子ご夫妻が来日大阪空港へ　ダ
　イアナ妃にこやかに」という見出しの記事がある（7-2図）。
④なお，検索語を「ダイアナ」のみにしたときには90件の記事がヒットした。
　"聞蔵Ⅱビジュアル"は見出しを含め，新聞記事全体を検索対象とするため，
　記事で使われている言葉を想像しながら，検索語を選ぶ必要がある。

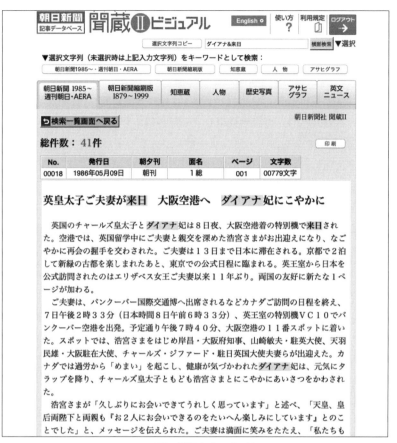

7-2図　新聞記事の表示例

（2）その他の新聞記事データベース

■ヨミダス歴史館　読売新聞社　https://database.yomiuri.co.jp/rekishikan/
1874（明治7）年の創刊号から現在までの『読売新聞』の記事を検索できる。読
売新聞では，1994年1月号からCD-ROMで，2015年1月号からDVDで縮刷
版を提供しているほか，"明治・大正・昭和の読売新聞"というCD-ROM版，
DVD版の新聞記事データベースを発行している。

■毎索　毎日新聞社　https://mainichi.jp/contents/edu/maisaku/　　1872（明治

5）年創刊以降の『毎日新聞』を収録した新聞記事データベース。このほか，1991年以降の新聞を収録した“CD－毎日新聞”（年刊）がある。

■日経テレコン　日本経済新聞社　https://telecom.nikkei.co.jp/　　日本経済新聞社が提供する会員向け情報提供サービス。公共図書館向けサービスとして，1975年以降の日経四紙（『日本経済新聞』『日経産業新聞』『日経MJ（流通新聞）』『日経金融新聞』）の記事見出し（一部抄録あり）検索のほか，1981年以降（一部除く）の全文検索・閲覧サービスがある。また，“日経会社プロフィル”（企業情報），“日経WHO'S WHO”（人事情報）なども利用できる。このほか，大学図書館向けサービスもある。

■中日新聞・東京新聞記事データベース　中日新聞社　https://www.chunichi.co.jp/database/　　1987年4月1日以降の『中日新聞』，1997年4月1日以降の『東京新聞』を収録した全文データベース。

■新聞・雑誌記事横断検索　ジー・サーチ　https://db.g-search.or.jp/g_news/RXCN.html　　『朝日新聞』『読売新聞』『毎日新聞』『産経新聞』といった全国紙をはじめ，地方紙，専門紙など，約150紙の新聞記事を一括して検索できる。

3．新聞社のウェブサイトを利用する

　新聞社が発信する最新のニュースは，各社のウェブサイトに掲載される。これらのニュースは一時的に掲載されるものであるため，過去何年にもわたって検索したり，参照したりすることはできない。

　時々刻々と変化する新聞社のウェブサイトでは，RSSによる情報提供を行っているものもある。これにより，利用者は新聞社のウェブサイトをいちいち訪れなくても，最新のニュースをRSSリーダーなどで確認できる。

■朝日新聞デジタル　朝日新聞社　https://www.asahi.com/

■読売新聞オンライン　読売新聞社　https://www.yomiuri.co.jp/

■毎日新聞のニュース・情報サイト　毎日新聞社　https://mainichi.jp/

■経済・金融，マネー，ビジネス，政治のニュース：日経電子版　日本経済新聞社　https://www.nikkei.com/　　無料で見られるニュース記事と有料会員限定の記事の2種類がある。登録会員（無料）になることで，有料会員限定記事

を月に10本閲覧できたり，記事見出し検索サービスを利用したりできる。

■産経ニュース　産経デジタル　https://www.sankei.com/

■47NEWS　全国新聞ネット　https://www.47news.jp/　　47都道府県に所在する地方紙52新聞社および共同通信社が配信するニュースを統合して提供するウェブサイト。「よんななニュース」と読む。

■時事ドットコム　時事通信社　https://www.jiji.com/　　時事通信社のウェブサイトから提供するニュースサービスである。リアルタイムニュース，国際，政治，社会，スポーツ，経済・マネー，予定などの情報を提供している。

4．ニュースサイトを利用する

　ウェブ上に掲載されるニュースを収集，提供するポータルサイトは，新聞社やテレビ局等のウェブサイトを一つひとつ確認する手間を省くことができ，便利である。さまざまなニュースを扱う総合的なサイトのほか，主題に特化したサイトもある。

■ Yahoo! ニュース　ヤフー　https://news.yahoo.co.jp/　　新聞社や通信社から配信される記事を提供する"Yahoo! JAPAN"のサービスの一つ。掲載期間は記事の提供者によって異なる。なお，"Yahoo! JAPAN"のトップページに掲載されるニュースは，人手によって選択されている。

■ Google ニュース　Google　https://news.google.com/　　ウェブ上にニュースを提供するウェブサイトから情報を収集し，その見出しや所在等を提供するサービスである。

■ ITmedia NEWS　アイティメディア　https://www.itmedia.co.jp/news/　　情報技術分野に関連したニュースを提供するポータルサイト。

5．その他新聞記事関係書誌を利用する

（1）新聞縮刷版

　本章2節で紹介したデータベースのほか，新聞社が毎月発行する縮刷版は，

過去から今日にいたる新聞記事を収録する重要な情報資源の一つである。全国紙では，朝日，読売，毎日，日本経済新聞社が発行している。なお，全国紙の縮刷版は，東京本社発行の最終版をもとにしていることに注意する必要がある。

　縮刷版に付されている目次は，大まかな分類ごとに記事がまとめられているので，これを手がかりに記事を検索することもできる。このほか，1912（大正元）年7月から1992（平成4）年12月までの『朝日新聞』の縮刷版の目次を集めた『朝日新聞記事総覧』（日本図書センター）や別冊の『朝日新聞記事総覧.人名索引』，CD-ROM で提供されている"朝日新聞戦後見出しデータベース：1945-1999"も検索ツールとして活用できる。

（2）新聞記事索引・新聞集成

a．市販された新聞記事索引
■毎日ニュース事典　毎日新聞社　1973-1980　8冊
■読売ニュース総覧　1980-1994年版　読売新聞社　1981-1994　15冊

b．図書館作成の新聞記事索引
　図書館のなかには，その立地する地域，あるいは特定主題に関する記事をスクラップしたり，検索するためのツールを作成したりしている館がある。ここでは，図書館が独自に作成している新聞記事検索ツールのいくつかを紹介する。
■神戸大学附属図書館デジタルアーカイブ新聞記事文庫　神戸大学附属図書館http://www.lib.kobe-u.ac.jp/sinbun/　　1911（明治44）年から1970（昭和45）年まで，神戸大学経済経営研究所による新聞記事の切抜資料を元に作成されたデータベース。画像のほか，記事の全文がテキストで提供されている。
■デジタルアーカイブ秋田県立図書館　秋田県立図書館　https://da.apl.pref.akita.jp/lib/　　1932（昭和7）年から1999（平成11）年3月9日までの『秋田魁新報』の朝刊，夕刊を対象に，秋田に関する主な記事を選び，データベース化した"秋田魁新報記事見出し検索データベース"が含まれている。
■岐阜県関係資料　岐阜県図書館　https://www.library.pref.gifu.lg.jp/gifu-map/gifu-related-materials/　　岐阜県図書館 OPAC では，『朝日新聞』『読売新聞』『毎日新聞』『中日新聞』および『岐阜新聞』に掲載された岐阜県に関する主な記事（郷土新聞記事）を検索できる。

■立川市関連新聞記事見出し検索　立川市図書館　https://www.library.tachika
wa.tokyo.jp/newspapersearch　　朝日，読売，毎日，日経，産経，東京の各新
聞を対象に，立川に関する記事を集め，データベース化したもの。1989年4月
から採録を開始した。

c．新聞記事集成

　複数の新聞から主要な，あるいは特定テーマの記事そのものを採録し，日付
順に並べたものを新聞集成という。事項索引や分類索引といった索引が付いて
いるので，新聞記事を検索するツールとしても活用できる。

■新聞集成明治編年史　財政経済学会　1934-1936　15冊　　これに続くもの
として，明治大正昭和新聞研究会から発行されている『新聞集成大正編年史』
(1969-1987，44冊)，『新聞集成昭和編年史』(1958-　)（CD-ROM版もあり)
がある。

■明治ニュース事典　毎日コミュニケーションズ　1983-1986　9冊（8巻お
よび総索引)　　同社からは，大正および昭和（20年まで）の新聞記事を収録
した『大正ニュース事典』（7巻および総索引．1986-1989．8冊)，『昭和ニュ
ース事典』（8巻および総索引．1990-1994．9冊）も発行されている。

【例題2】　東京駅が開業した当時の新聞記事にはどのようなものがあるか。

①東京駅がいつ開業したのかがわからないので，まずはこれを確認する必要が
　ある。ウェブ情報資源などを使って調べると，1914(大正3)年であった。

②『大正ニュース事典』の「総索引」に収録されている「見出し索引」から東
　京駅を検索すると，「東京駅」のもとに8件の記事があり，1巻の562ページ
　から565ページに掲載されていることがわかる。

③当該ページを確認すると，『時事新報』の記事をはじめ，『東京朝日新聞』
　『中外商業新報』『大阪毎日新聞』の記事を読むことができる。たとえば，
　『時事新報』の12月18日の記事は，「東洋一の規模誇るルネッサンス式建物開
　業」という見出しで，「東洋一の東京駅停車場の開通式は，いよいよ本日を
　以て執り行われることとなった。(以下略)」といった内容であった。

（3）新聞所蔵目録

　本章1節でもふれたとおり，新聞は重要な情報資源である一方で，メディアとしての性質上，その保存は各館の方針，状況によってさまざまである。したがって，求める新聞をどこで所蔵しているかを確認できる総合目録が必要となる。日本では次のものがある。

■国立国会図書館サーチ　国立国会図書館　https://iss.ndl.go.jp/

■ CiNii Books　国立情報学研究所　https://ci.nii.ac.jp/books/

（4）新聞および新聞社に関する情報

　現在発行されている新聞および新聞社に関する情報は，次の情報資源を使うとよい。

■雑誌新聞総かたろぐ　1979年版-2019年版　メディア・リサーチ・センター　1978-2019（年刊）　2019年版をもって休刊となっている。

■日本新聞年鑑　日本新聞協会　1947-　（年刊）

■日本新聞協会　日本新聞協会　https://www.pressnet.or.jp/

■日本専門新聞協会　日本専門新聞協会　http://www.senmonshinbun.or.jp/
専門紙を発行する新聞社82社（2021年1月現在）が加盟する協会のウェブサイトで，加盟新聞社が発行する専門紙の情報を入手できる。

【例題3】　物流分野の業界紙にはどのようなものがあるか。

①日本専門新聞協会のウェブサイトを利用する。

②トップページ右側の「加盟社・新聞をさがす」に，分野を指定して検索する「専門分野別検索」と「フリーワード検索」の二つがある。前者を利用して，専門分野一覧のなかから「輸送・物流」を選び，検索ボタンをクリックする。

③検索の結果，『カーゴニュース』をはじめ，6種類の新聞が検索できた（7-3図）。加盟社名をクリックすると，詳細な情報が表示される。

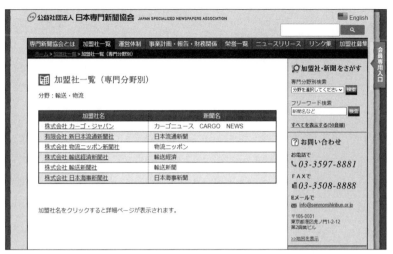

7-3図　日本専門新聞協会加盟者検索の画面例

8章 言葉・事柄・統計の探し方

　言葉の読み，語（字）源，出典など「ことば」についての解説を調べたいときには「辞典」を使う（事典と区別するために「ことばてん」と呼ぶことがある）。事物，事象，事件，生物など「ことがら」についての解説を知りたいときには「事典」を調べる（辞典と区別するために「ことてん」と呼ぶことがある）。近年，国語辞典と呼ばれるものは「ことてん」的な要素を多分に含むようになってきているが，本来はこのような違いがあることを意識するとよい。

　辞典，事典の使い方の全体的な注意事項として，次の二点を挙げておく。多巻ものの辞典・事典があるのであれば，できるだけ使うように心がけよう。多巻ものの辞典・事典は1冊のものよりも豊富な見出し語，解説が期待できるからである。もう一点は，ウェブ上で無料検索できる辞典，事典は簡易版のことが多いため，より詳しくは冊子体の辞典・事典や，有料版を使用しなければならない場合もある点である。

1．言葉の特徴とそのアプローチ

　一般的な言葉か，特殊な用語かでアプローチが異なる。まず，一般的な言葉について調べる場合には，「国語辞典」を使う。読みがわかっていない言葉の場合は「漢和辞典」を使って部首や画数などから検索するか，もしくはウェブ版や CD-ROM 版などの国語辞典を使って見出し語を入力して検索する。外国語の場合には，「対訳辞典」を使う。

　古語，新語，外来語，方言，学術用語などの特殊な語であれば，それらを中心に扱っているそれぞれの「特殊辞典」を使う。専門用語については「専門事典」を使うが，その前にどの分野の専門用語かを知るためには「国語辞典」や「百科事典」が役に立つ。ことわざや格言，慣用句などは，諺語辞典，名句辞典を使う。読みがわからない特殊な語については「難読語辞典」を使う。

2．国語辞典

　国語辞典とは，「ことば」から引く辞典である。言葉の意味，漢字の書き方，用例，出典を知りたい場合に使用する。冊子体の辞典であれば，言葉は五十音順に排列されているので，「よみ」から引く。ウェブやCD-ROM版の辞典であれば，読みがわからなくても，引きたい言葉が入力できさえすれば検索できる。レファレンス質問を受けて，はじめに内容や意味の確認に簡便に利用できる。

■日本国語大辞典　第2版　小学館　2000-2002　15冊　　古代から現代にいたる日本語の総体を凝縮した日本最大の国語辞典である。50万項目，100万用例を収録する。"JapanKnowledge"（有料）でも検索できる。精選版（3冊）が2006年に刊行されている。

■大辞林　第4版　三省堂　2019　1冊　　冊子体の他にも，無料で検索できるウェブサイトも複数存在する（第3版であることが多い）。

3．漢和辞典

　漢和辞典とは，語を字画順に配列し，漢字の画数や字音，字訓から引く辞典である。一般的な言葉の漢字の成り立ちや，読みがわからない場合に利用する。ウェブ上で提供されている漢和辞典では，漢字そのものや，漢字のパーツなどで検索できるものもある。漢和辞典はウェブ上で利用できるものが少ない。

■大漢和辞典　修訂第2版　大修館書店　2000　15冊　　正字，略字，俗字，国字などを網羅する。熟語，故事名言，格言の他，人名，地名，動植物名，書名，事件名などを合わせて包括的に収録している。解説に用例，出典，挿図を加える。親文字5万字，熟語50万字，篆文1万字，図版2,800点がある。2018年に修訂増補としてデジタル版が出ている。

■広漢和辞典　大修館書店　1981-1982　4冊　　『大漢和辞典』を基礎に，親字約2万字，熟語約12万語を選び，国字，俗字，中国簡文字を加えている。引用した漢文に返り点，送り仮名，読み仮名を付している。「解字欄」では，音

韻や字体の変遷が示される。

■講談社新大字典　講談社　1993　3055p.　　国字化した文字を収録する。難読の地名，姓名を見出しにしている。篆書の形にまで遡り字源を明らかにし，音については，漢音，呉音，唐音，日本古来の慣用音を採用している。同音異義欄がある。

■Unihan Database Search Page　Unicode Consortium　http://unicode.org/charts/unihansearch.html　　ユニコードを管理しているサイトが提供している漢字検索サイトである。音読み（Japanese-On），訓読み（Japanese-Kun）などから漢字を検索できる。ただし，読みはローマ字で入力する必要がある。英語での説明ではあるが，ユニコード，各国の文字コード，字義（kDefinition），画数（kTotalStrokes），読み（kJapaneseOn/kJapaneseKun）などがある。

【例題1】「国」をウェブ上の情報資源を使って検索したい。

① "Unihan Database Search Page" を使用して，訓読みで検索する。"Japanese Kun" を選び，クエリボックスに「kuni」を入力して，"Lookup" ボタンをクリックする。

②ヒットした漢字がリストアップされるので，その中から "国" を選びリンクをたどると，「国」の文字コード，字義，画数，読みなどが表示される。

4．対訳辞典と英英辞典

ある言語の語を他の言語の語と対比させて意味などを解説した対訳辞典がある。日本語以外の言語を扱った辞典には他にも，ある言語をその言語そのもので解説した辞典（例：英英辞典），三言語以上の語を対比させてその表現や用法を解説した多国語辞典などがある。

5．特殊辞典

特殊辞典は一般的ではない特殊な言葉を収集した辞典である。今は使われていない古語や死語，新しく登場した新語や流行語や学生語，外国語から日本語

になった借用語（外来語），一地域で使用される隠語，等がある。言葉のある
観点から見た種類では，発音やアクセントを調べるもの，同じ意味の言葉を集
めた類語，同義語の統一および語と語の相互関連を示したシソーラス，語尾か
ら引けるようにした逆引き，読み方の難しい語を集めた難読等がある。特に人
名，地名には漢和辞典ではわからない特殊な読み方のものが多くある。

（1）古語辞典・死語辞典

　過去に使用されていたが，現代では普通語として使用されない言葉を収録す
る辞典をいう。
■角川古語大辞典　角川学芸出版　2012　5冊　CD-ROM版　2002　"Ja-
panKnowledge"（有料（追加プラン））でも検索できる。
■岩波古語辞典　補訂版　岩波書店　1990　17, 1534p.
■続・現代死語事典：忘れてはならない　朝日ソノラマ　1995　474p.
■江戸語大辞典　新装版　講談社　2003　1078p.

（2）新語辞典

　現代語の中で，比較的近年になって使われはじめた新しい言葉や，特に現代
の社会を映した言葉を収録する辞典をいう。
■現代用語の基礎知識　自由国民社　1948-　（年刊）　CD-ROM版，電子ブッ
ク版　"JapanKnowledge"（有料）でも検索できる。
■知恵蔵 朝日現代語　朝日新聞社　1990-　（年刊）　CD-ROM版，電子ブッ
ク版　"コトバンク"でも検索できる。2008年以降，冊子体は発行していな
い。
■現代流行語辞典　東京堂出版　1974　294p.

（3）類語辞典

　類似の意味を持つ同義語と，反対の意味をもつ反対語または対照語の辞典を
いう。
■東京堂類語辞典　東京堂出版　2011　743p.
■類語国語辞典　角川書店　1985　256, 1309p.

■必携 類語実用辞典　増補新版　三省堂　2010　8, 407p.
■使い方のわかる類語例解辞典　新装版　小学館　2003　10, 180, 1143, 71p.
"goo 辞書"（https://dictionary.goo.ne.jp/）にて「類語」を選ぶことで，無料で利用することができる。
■反対語大辞典　東京堂出版　1965　552p.

（4）難読語辞典

　漢和辞典には載らない特殊な読み方や珍しい読み方の言葉を収録する辞典をいう。地名や人名はこの種の難読語辞典が多く見られる。
■難訓辞典　東京堂出版　1956　579p.
■難読難解日本語実用辞典　第一法規出版　1988　412p.

（5）諺・名句辞典

■世界ことわざ大事典　大修館書店　1995　1312p.
■故事・俗信ことわざ大辞典　第2版　小学館　2012　9, 1523p.　付属資料として CD-ROM がある。"JapanKnowledge"（有料）でも検索できる。
■動植物ことわざ辞典　東京堂出版　1997　323p.

（6）用語・語句索引

　特定の用語がどこに出現するのかの典拠を知るための辞典である。索引の役割をする。
■聖書語句大辞典　12版　教文館　1959　1483p.
■新編国歌大観　KADOKAWA　1983-1992　CD-ROM 版 Ver.2　2003　DVD-ROM 版　2012　"JapanKnowledge"（有料（追加プラン））でも検索できる。

【例題2】「ひねもす」とはどういう意味か。また，別の言葉で何というか。
①この問題は，二つの異なるタイプの辞典を調べる必要がある。意味は国語辞典でも出ている可能性があるが，ここでは古語辞典で答えを求める。別の言葉は類語辞典を調べる。

② 『岩波古語辞典』を使って，「ひねもす」から引くと，「ひねもす【終日】朝
　から晩まで一日中。日がな一日。「ひめもす」とも。」とある。

③ "goo辞書"の「類語」を選択し，「ひねもす」で検索すると，「終日（しゅ
　うじつ）／ひねもす」がヒットし，「終日」があることがわかる。また「［共
　通する意味］☆朝から晩までずっと。一日中」ともあった。

（7）その他

■宛字外来語辞典　新装版　柏書房　1997　310, 70p.
■現代人のカタカナ語欧文略語辞典 imidas：世界がわかる時代が見える　集
英社　2006　911p.
■暮らしのことば新語源辞典　講談社　2008　957p.
■日本語源大辞典　小学館　2005　1273, 7p.
■名数数詞辞典　東京堂出版　1980　518p.
■丸善単位の辞典　丸善　2002　592p.
■新日本大歳時記カラー版　愛蔵版　講談社　2008　1151p.

6．事柄・統計の特徴とそのアプローチ

　事物，事象，事件，生物などを調べるときは第一のステップとして知識の全
分野にわたり総合的に集大成した「百科事典」を活用するとよい。調査内容の
確認や専門分野に関する予備調査にも，「百科事典」や項目数の多い百科事典
的な「国語辞典」を用いると効率的である。そこから特定の主題の観点から解
説した「主題百科事典」や「専門主題事典」などの「専門事典」へと進む。
「便覧」は事典類とは異なり，一定の体系のもとに多くの表，図などを用いて
専門事項や術語を解説したハンディなものである。「図鑑」は，事物や生物の
特徴を図絵や写真によって説明したものである。統計的なデータを得るには統
計索引を活用し，「統計年鑑」「年鑑」や「白書」，統計を中心とした「便覧」
「ファクトデータベース」などを調べるとよい。

7．百科事典

　全分野の事柄を収録しているのが総合百科事典で，通常百科事典といえば，これをさしていうことが多い。特定分野や地域の事柄を収録するものは専門事典と呼ぶ。また，百科事典が出版された後の新しい情報を補足するために，補遺として年鑑を発行しており，これを百科事典年鑑という。

　百科事典に限らず，事典全体にかかわることであるが，見出し語を探すには索引を使うようにする。索引には本体の見出し語にはない用語からそれらがどのページ，どの巻に収録されているかの参照が出ているためである。索引は1冊ものであれば巻末に，多巻ものであれば，別冊として索引があることが一般的である。

■世界大百科事典　改訂新版　平凡社　2009　34冊　CD-ROM版（1996），DVD-ROM版（1998）　ウェブ版　大中小項目を織り交ぜ約9万項目を五十音排列する。専門的で詳しい解説がある。執筆者の署名がある。索引，地図改訂第2版（2014）百科年鑑（1998），百科便覧5訂版（2009）がある。"コトバンク"および"JapanKnowledge"（有料）でも検索できる。

■日本大百科全書　第2版　小学館　1994-1997　26冊　CD-ROM+電子ブック版1996　ウェブ版　約13万項目の小項目を五十音排列する。生活・文化分野は大項目で求める。写真・地図・図表など多数挿入し色彩豊かである。必要に応じて解説末尾に参考文献がある。"コトバンク"および"JapanKnowledge"（有料）でも検索できる（DVD-ROM版については『スーパー・ニッポニカ』を参照）。

■ブリタニカ国際大百科事典　第3版　ティビーエス・ブリタニカ　1996　28冊　ウェブ版　底本は *New Encyclopedia Britannica* であり，大項目20冊と小項目のレファレンスガイド6冊がある。第28巻は参考文献である。補遺として『国際百科年鑑』がある。小項目事典は"コトバンク"に収録されている。

■スーパー・ニッポニカ　小学館　2000-2003　『日本大百科全書』と『日本国語大辞典』のDVD-ROM版である。

■JapanKnowledge　ネットアドバンス　http://japanknowledge.com/　"日

本大百科全書”（小学館）が検索できる有料のウェブサイトである。このウェ
ブサイトは，百科事典以外にも“現代用語の基礎知識”“情報・知識 imidas”
（集英社），“日本人名大辞典”（講談社），“デジタル化学辞典”（第2版），“会
社四季報”（東洋経済新報社），“図書館情報学用語辞典”などさまざまな辞典
類が検索できる。利用プランによっては“國史大辞典”“日本歴史地名大系”
“世界大百科事典”（改訂新版）も使える。収録情報については，コンテンツ一
覧を参照するとよい。

■講談社大百科事典 Grand Universe　講談社　1977　28冊　　第1巻はテー
マ別ガイドブックである。小項目主義の学習百科事典であるが，重要項目につ
いてはページを割いている。

■ Wikipedia（日本語）　ウィキメディア財団　https://ja.wikipedia.org/
Wiki と呼ばれるウェブ上でドキュメントを共同入力するためのソフトを使っ
て，フリーな百科事典を作るプロジェクトが提供している百科事典である。日
本だけでなく，世界中で作成されており，無料で利用できる。ボランティアに
よる共同制作の百科事典であるため，誰でも見出しや内容の追加登録，修正が
可能である。市販の百科事典に比べて，新しい事項がすばやく登録されたり，
他の百科事典には今まで登録されていなかったような分野の事柄が登録された
り，多くの他言語で同一内容の項目をすぐに参照できる，ウェブ上の公式サイ
トへのリンクがはられるなどの特徴がある。一方で，誰でも“Wikipedia”上
に直接項目や内容を書き込め，すぐに公開されるため，間違いや不適切な記述
が登録されても，そのまま公開されてしまうという問題がある。修正すべき記
述が判明した場合，登録した本人でなくても修正することができるため，お互
いのチェックにより間違いを修正できるようになってはいる。しかし，必ずし
もその分野の専門家が書いているという保証がない，修正すべき箇所が判明す
るまでのタイムラグが発生する，出版されたものに比べて専門家による記述内
容の校正も行われない，などの問題点があるため，特に注意が必要である。

■ *Columbia Encyclopedia*　6th ed.　Columbia University Press　2000　14,
3156p.　ウェブ版　　Columbia University Press が作成した，約5万項目の
記事からなる百科事典である。オンライン版が“Encyclopedia.com”や“Info-
please”などさまざまな辞典検索サイトから無料で提供されており，記事の全

文も無料で読める。

■コトバンク　朝日新聞社，VOYAGE MARKETING　https://kotobank.jp/
“世界大百科事典”（平凡社），“日本大百科全書”（小学館），“百科事典マイペ
ディア”（日立ソリューション・クリエイト），“知恵蔵”（朝日新聞出版），“デ
ジタル版日本人名大辞典 +Plus”（講談社），“図書館情報学用語辞典”（丸善）
などさまざまな辞書が無料で検索できるサイトである。収録辞書一覧は，画面
左上のメニューボタンをクリックすると見ることができる。

【例題３】　オリンピックの歴史，概略などを知りたい。

①オリンピックについて全般的な情報を求めているため，百科事典を使用する。
　複数の異なる百科事典を一度に検索することのできる“コトバンク”を使用
　する。

②“コトバンク”で，「オリンピック」を入力し，「検索」をクリックすると，
　検索結果が表示され，「オリンピック」だけでなく「国際オリンピック委員
　会」や「オリンピックイヤー」などさまざまな見出し語でヒットしたことが
　わかる。「オリンピック - コトバンク」をクリックすると，さまざまな辞書
　でヒットした結果が表示される。百科事典以外にも，国語辞典も事典的な要
　素の高いものもあるので，参考になる。“デジタル大辞泉”“大辞林 第３版”
　“ブリタニカ国際大百科事典 小項目事典”“世界大百科事典 第２版”“デジ
　タル大辞泉プラス”などがヒットしたことがわかる。

③“世界大百科事典 第２版”には「オリンピック競技大会 Olympic Games の
　略称。日本では〈五輪〉とも表記する。国際オリンピック委員会 Interna-
　tional Olympic Committee（略称 IOC）が主催する国際総合スポーツ大会。
　各国（地域を含む）のオリンピック委員会 National Olympic Committee（略
　称 NOC）が参加し，競技はそれぞれの国際競技連盟 International Sport
　Federation（略称 IF）が管理する」と説明がある。

④“コトバンク”は，一つの検索結果の詳細画面に，複数の辞書の情報がまと
　めて掲載されている。そのため詳細画面をスクロールすることで，ほかの辞
　書の詳細を見ることができる。しかし，検索結果一覧画面には表示されてい
　ない辞書が，検索結果の詳細画面には，載っていることがあるため注意が必

要である。今回の「オリンピック」の場合は，検索結果一覧にはなかった
"日本大百科全書（ニッポニカ）"でもヒットしていることがわかる。

⑤ "日本大百科全書（ニッポニカ）"では，「近代スポーツは19世紀のなかばご
　ろからイギリスで組織され，施設に力を入れたアメリカの育成で発展普及さ
　れてきたが，この各種類のスポーツを総合的に大成させたのがオリンピック
　であり，古代ギリシアに起源を有するスポーツの祭典を現代に復活させたも
　のである」などとあり，オリンピックの説明が歴史的背景の元に説明されて
　いる。"コトバンク"のなかでは一番分量が多く，オリンピックについての
　情報を得ることができる。

8．専門事典

　専門事典は，百科事典で全般的な事柄を調べ，そこからさらに詳しい情報を
得るために利用する。専門事典には，専門の分野についてより詳しく解説した
「専門主題事典」，特定の分野に限定しているが百科事典のように編纂した「主
題百科事典」と，専門用語集のように専門用語に簡単な説明を追加したもの，
その中間にあたるものなどさまざまなレベルのものが存在する。また，専門事
典の中には，百科事典の中から特定の分野のものだけを抜き出したものもあり，
必ずしも百科事典より詳しいとはかぎらないことに注意が必要である。

　ここではいくつか例を挙げて紹介するが，ある地域に関する歴史，風土，社
会，習慣などを収録する地域百科事典については，地理・地名の章（10章）に，
人名事典，歴史事典，法律事典なども他の章にゆずる。

■経済学大辞典　第2版　東洋経済新報社　1980　3冊　　大項目と中項目で
解説しており，参考文献を添える体系的事典である。

■経済学辞典　新版　中央経済社　2019　11, 17, 507p.

■新社会学辞典　有斐閣　1993　1726p.

■現代社会福祉事典　改訂新版　全国社会福祉協議会　1988　528p.

■日本民俗大辞典　吉川弘文館　1999-2000　2冊　　約6,000項目について署
名入り解説する。挿図，原色図版を収録する。

■環境問題情報事典　第2版　日外アソシエーツ　2001　477p.

■地球環境キーワード事典　5訂　中央法規出版　2008　159p.

■岩波生物学辞典　第5版　岩波書店　2013　18, 2171p.　　比較的詳細な解説がある。付録に分類階級表，ウイルス分類表，生物分類表などがある。

■医科学大事典　講談社　1982-1983　51冊　　医学と関連分野の事項と人名を収録する膨大な事典であり，豊富な挿図がある。

■ MSD マニュアル　Merck & Co., Inc.　https://www.msdmanuals.com/ja-jp/　医学用語（百科事典）である。以前はメルクマニュアルと呼ばれていた。家庭版とプロフェッショナル版の2種類を提供している。両方とも日本語版と英語版を提供している。

■世界宗教大事典　平凡社　1991　2191p.

■世界宗教事典　新版　青土社　1999　738p.

■岩波キリスト教辞典　岩波書店　2002　1420p.

■中国学芸大事典　大修館書店　1978　1000p.

■日本文学大辞典　増補改訂版　新潮社　1950　8冊　　古典，明治以降大正までの文学，芸術，歴史，民俗学などの大項目で解説している。

■日本現代文学大事典　明治書院　1994　2冊

■典拠検索新名歌辞典　明治書院　2007　17, 730p.

■ J-GLOBAL　科学技術用語　科学技術振興機構　https://jglobal.jst.go.jp/　J-GLOBAL において「科学技術用語」を選択して使用できるサービスである。科学技術振興機構（JST）の作成する"科学技術用語シソーラス"や文部科学省や各学会が作成した学術用語集の用語を検索できる。

【例題4】　接触皮膚炎とは何か。

①医学用語のようだが，まずは百科事典で調べてみて概要を把握し，医学の専門事典を使ってさらに調べる。

②"コトバンク"で「接触皮膚炎」で検索してみると"日本大百科全書（ニッポニカ）"や"世界大百科事典 第2版"などの辞書で見出し語としてヒットする。"日本大百科全書（ニッポニカ）"に「体外の刺激物が皮膚に接触して生ずる湿疹（しっしん）性病変で，俗称かぶれ。刺激物の作用形式，すなわちアレルギー性の機序によるかよらないかでアレルギー性接触皮膚炎と一次

性刺激性皮膚炎に大別される」とある。

③医学用語の百科事典 “MSD マニュアル”（プロフェッショナル版）で「接触皮膚炎」を検索してみると，「接触皮膚炎」が見出し語でヒットし，「接触皮膚炎は，刺激物またはアレルゲンによって引き起こされる皮膚の急性炎症である」などと説明があり，病因や症状と徴候などさまざまな関連する項目とともに詳細な説明や写真がある。

9．複数辞典・事典のウェブサイト

　辞書（辞典と事典）を引くことのできるウェブサイトの中には，複数の辞書を提供しているものも多い。複数の辞書を同時に検索できたり(辞書の同時検索)，リンクによって他の辞書の結果へ次々とたどれたりするものがある。そのほか，辞書データを自前で持ってまとめて検索できるようにしたサイトや，自前では辞書データを持たずに複数の辞書を検索できるメタ辞書検索サイトもある。また，特定の出版社に限定せず，複数の作成者（出版社等）の辞書を検索できる独立系複数辞書サイトもある。

（1）独立系複数辞書サイト

　前述したように，独立系複数辞書サイトは，複数の作成者（出版社等）の辞書を検索できるウェブサイトである。百科事典の節で紹介した “JapanKnowledge” や “コトバンク” も独立系複数辞書サイトである。一出版社が作成した辞書を検索するよりも，より多様な観点や詳細さの辞書の内容を，一度の検索で見比べられるのが魅力である。一方，中には一個人・任意団体が作成した辞書があるなどさまざまな作成者の辞書もあることに留意する必要がある。

■ Weblio 辞書　ウェブリオ　https://www.weblio.jp/　　“デジタル大辞泉”（小学館），“Wikipedia”，“地名辞典”（日外アソシエーツ），“植物図鑑”（ボタニックガーデン）など，種類や規模の異なるさまざまな辞書500以上を一度に検索できる。また，英和・和英だけでなく，英語文例検索や，英語翻訳など英語関連の検索に特化したサービスの “Weblio 英和・和英辞典”（https://ejje.weblio.jp/）や，“Weblio 手話辞典”（https://shuwa.weblio.jp/）などいくつか姉

妹サービスもある。

■ goo 辞書　エヌ・ティ・ティレゾナント　https://dictionary.goo.ne.jp/　"デジタル大辞泉""類語例解辞典""プログレッシブ和英中辞典""Wikipedia""SOCKETS 人物データベース"，専門用語，豆知識など，複数の辞書を検索することができる。

【例題5】　空とは何かについて知りたい。

① "Weblio 辞書"のウェブサイトのクエリボックスに「空」と入力して「と一致する」を選び，「検索」ボタン（虫めがねのアイコン）をクリックすると，複数の辞書を同時に検索（同時検索）できる。

②結果が表示され，"三省堂 大辞林"や"植物事典"や"隠語大辞典"などにヒットしたことがわかる。「そら」や「くう」などの他に，植物事典で「ウツボ」というネギの別称の植物であるとか，隠語大辞典では「あき」という読みの隠語があることなどがわかる。

③ "goo 辞書"のウェブサイトのクエリボックスに「空」と入力して，「検索」ボタンをクリックすると，国語，英和，和英辞典など複数の辞書を同時に検索（同時検索）できる。

④結果が表示され，"国語辞書"や"英和・和英辞書""漢字辞典""人名辞典"などにヒットしたことがわかる。漢字辞典の結果をたどると画数などがみられたり，「くう【空【kuː】】」というバンドがあったりすることがわかる。

（2）海外のウェブサイト

■ Encyclopedia.com　encyclopedia.com　https://www.encyclopedia.com/
英語圏のさまざまな辞書（例：Oxford University Press が出版した辞書など）や百科事典（例："Columbia Encyclopedia"），シソーラスや白書などが無料で検索できる。

■ Infoplease　Sandbox Networks　https://www.infoplease.com/　辞典，"Columbia Encyclopedia"（6th ed., 5万7,000項目）や，年鑑，地図帳を同時検索できる。

（3）メタ辞書検索サイト

　自前で辞書データを持たず，すでにある他機関・出版社等によって提供されている辞書検索サービスをまとめて検索できるフォームを用意している。メタ検索エンジンと同様に，次々と他の辞書へ切り替えて渡り検索できる渡り検索型と検索語を複数の辞書に対して同時に検索できる同時検索型がある。

■ OneLook Dictionary Search　OneLook Dictionary Search　https://onelook. com/　海外のサイトではあるが，多くの辞書を同時検索できる。

【例題6】　retrieve の意味をいろいろな辞書で見比べたい。

① "OneLook Dictionary Search" のウェブサイトのクエリボックスに「retrieve」と入力し，「Definitions」ボタンをクリックすると，いろいろな辞書でヒットしたことがわかる。

② General の下の「retrieve」のリンクの右横には，どの辞典にヒットしたかが表示されているため，たとえば "Cambridge Advanced Learner's Dictionary" の辞典の検索結果を見るにはその左横の「retrieve」のリンクをクリックするとよい。

10.　便覧

　便覧は，事柄を体系的に排列して解説する事典と区別がつきにくいが，ある主題に関する実用的な知識を得るために，実例，統計，図版，諸表，公式や化学式などを用いて述語，事項を理論と実際の両面から解説してあるものをいう。タイトルに使用されている名称には，便覧，ハンドブック，要覧，総覧，必携，マニュアル，ガイドブック，手引き，データブック等がある。

■図書館ハンドブック　第6版補訂2版　日本図書館協会　2016　694p.

■図書館情報学ハンドブック　第2版　丸善　1999　1145p.　図書館情報学の全体像を展望し，メディア，図書館の利用者，書誌コントロール，情報検索，情報サービスに関して，実態に基づいて体系的に解説している。本編と資料編からなる。

■日本民俗芸能事典　第一法規出版　1976　1005p.　　民俗芸能，祭礼980件を都道府県別に排列し，それぞれについて写真を添えて解説している。
■生物学ハンドブック　朝倉書店　2012　648p.
■全国学校総覧　原書房　1959-　（年刊）
■全国文学碑総覧　新訂増補　日外アソシエーツ　2006　275,1200p.
■世界文学綜覧シリーズ　日外アソシエーツ　1986-
■現代日本文学綜覧シリーズ　日外アソシエーツ　1982-　（年刊）

11. 図鑑

　図鑑は，各種の事物の写生画，写真，図版などを多数収集し，一定の方針のもとに編集して，それぞれに統一した形式の記述的な解説を付けたもので，図解や写真が主体となっているものが多い。対象とされるのは，動物，昆虫，植物，鉱物，天体・宇宙などの自然物の他，乗り物，機械，歴史上の遺跡・遺物，家具・民具，美術工芸品など多様である。タイトルに使用される名称には，図鑑，図録，図譜，図解，図説，図集，写真集などがある。
■図説世界文化史大系　角川書店　1958-1961　27冊　　東洋史，西洋史関係の図版を数を多く収載している。
■図説日本文化史大系　改訂新版　小学館　1965-1968　14冊　　日本史関係の事件，記録類，主要人物の肖像などについて，縄文・弥生・古墳時代から現代までを扱っている。
■有職故実図鑑　東京堂出版　1971　336p.　　有職故実とは朝廷，武家の礼式や官職等に関する決まりのことで，本書は服飾，甲冑，殿舎などを扱った写真資料集である。
■文化遺産オンライン　国立情報学研究所　https://bunka.nii.ac.jp/　　文化庁が運営する日本の文化遺産についてのポータルサイトである。全国の博物館・美術館の作品や国宝・重要文化財（2021年1月23日現在，登録館数1,005館，作品登録件数27万670件）の情報や写真を閲覧することができる。時代や分野などからたどっていって閲覧することもできるし，“文化遺産データベース”を使えば，文章で連想検索することもできる。

■APG 原色牧野植物大図鑑　北隆館　2012-2013　2冊　　1（ソテツ科～バ
ラ科），2（グミ科～セリ科）の2巻からなる。DNA 解析に基づく新しい分類
体系を採用している。旧図鑑の種番号が付されており，旧分類体系との比較も
容易である。
■育て方がわかる植物図鑑　NHK 出版　https://www.shuminoengei.jp/?m=pc&
a=page_p_top　　NHK 出版の「趣味の園芸」のサイトで提供されている。専
門家の執筆による。植物名，科名，花の色などさまざまな観点から検索できる。
■図説草木名彙辞典　柏書房　1991　481p.
■全国桜の名木100選　家の光協会　2002　207p.　　国・県・市町村が指定す
る天然記念物を中心に，全国の名桜100点をカラー写真で紹介する。樹種・樹
齢・いわれ・交通・見ごろなどのデータも収録している。
■原色動物大図鑑　北隆館　1957-1960　4冊　　「Ⅰ．脊椎動物の哺乳綱・鳥
綱・爬虫綱・両生綱」「Ⅱ．脊椎動物の魚綱・円口綱，原索動物」「Ⅲ．棘皮・
毛顎・前肛・軟体動物」「Ⅳ．節足および無脊椎動物の下等部門に属するもの」
の4巻からなる。
■図説日本未確認生物事典　KADOKAWA　2018　473p.

【例題7】　サンショウの花は何色か知りたい。
①花の色が知りたいということなので，植物図鑑を調べる。
②『APG 原色牧野植物大図鑑』Ⅱ巻の和名索引（Ⅱ巻の和名索引にはⅠ巻の
　　ものも載っている）を引くと「サンショウⅡ *-186* 556」とあり，186ページ
　　の556に「サンショウ」の項目がある。「花は春，花弁はない」とあるので，
　　花弁つまり，花びらはない。当該図鑑の図では，雄花や雌花は薄い緑で表現
　　されている。

12.　統計

　統計は，統計調査結果を広報する目的でまとめられたもので，あらゆる分野
にわたる基本的統計を収録した統合的な性格のものと，分野を限定したものと
がある。また，統計調査機関発行のものと，他機関発行のものとがある。定期

的に発行され，年単位にまとめられる場合が多い。統計データが多く収録されている便覧，年報類を含む。定期刊行物という形ではなく，ファクトデータベースとして日々更新され最新の情報を得られるものもある。

（1）統計年鑑

■国際連合世界統計年鑑　原書房　1953-　（年刊）　CD-ROM 版（1994-）（年刊）　　1948年版以来，国連から刊行されている統計年鑑 *Statistical Yearbook* の邦訳である。

■世界の統計　財務省印刷局　1994-　（年刊）　ウェブ版　　主として国連の諸統計を原典とする。内閣統計局から戦前に出ていた『列国国勢要覧』を前身とし，1951〜1952年までは『国際統計要覧』，1953年は『世界の統計グラフと解説』，1954〜1993年までは『国際統計要覧』として刊行されている。"統計局ホームページ"でも参照できる。

■日本統計年鑑　日本統計協会　1949-　（年刊）　CD-ROM 版，ウェブ版　　国土，人口，経済，社会，文化などあらゆる分野の基本的な中央官庁統計を体系的に収録した，わが国のもっとも包括的で基礎的な総合統計書である。"統計局ホームページ"でも参照できる。"JapanKnowledge"（有料）でも検索できる。

■日本の統計　財務省印刷局，日本統計協会　1956-　（年刊）　ウェブ版　"日本統計年鑑"のダイジェスト版である。"統計局ホームページ"でも参照できる。

（2）歴史統計，類年統計

■マクミラン世界歴史統計　原書房　1983-1985　3冊　　「I．ヨーロッパ篇1750-1975」「II．日本・アジア・アフリカ篇」「III．南北アメリカ・大洋州篇」の各編からなる。

（3）統計索引

■統計情報インデックス　日本統計協会　1992-2008　（年刊）　　2008年版では，約1,000冊の主要な統計刊行物を収録する。必要な統計データがどの刊行

物に掲載されているかを調べることができる。

（4）各種統計の例

■統計局ホームページ　総務省統計局　https://www.stat.go.jp/　　国勢調査，人口推計などの総務省統計局の統計データを探すことができる。また，"日本統計年鑑""日本の統計""世界の統計"の数年分を参照できる。

■政府統計の総合窓口（e-Stat）　総務省統計局　https://www.e-stat.go.jp/　各省庁が公開している統計表が総合的に検索できる。

■日本の図書館統計　日本図書館協会　http://www.jla.or.jp/library/statistics/tabid/94/Default.aspx　　『日本の図書館：統計と名簿』（日本図書館協会刊行）に掲載された全国集計の抜粋で，公共図書館と大学図書館の統計をみることができる。

■司法統計　最高裁判所　https://www.courts.go.jp/app/sihotokei_jp/search

（5）統計を中心にした便覧

■日本長期統計総覧　日本統計協会　1987-1988　5巻　　明治元年から1980年代までの全分野の統計（原則的に官公庁などの公的機関がまとめた統計）をまとめて得られる。

■日本長期統計総覧　新版　日本統計協会　2006　5巻　　初版以降の統計について得られる。附属のCD-ROMについては初版の統計データも収録されている。収録されている統計値については，「日本の長期統計系列」総務省統計局のウェブアーカイブ（https://warp.da.ndl.go.jp/info:ndljp/pid/11423429/www.stat.go.jp/data/chouki/index.html）でも，同様の値が参照可能である。

■日本国勢図会　国勢社　1927-　（年刊）　CD-ROM版　'97/98-　　各種の統計を用いて国内の情勢を解説している。

■明治大正国勢総覧　復刻版　東洋経済新報社　1975　50,764p.　　明治大正の各種の統計データを多数の統計資料から採録する。経済関係データに重きを置いている。

■完結昭和国勢総覧　東洋経済新報社　1991　4冊　　1926（昭和元）年から1988（昭和63）年までの経済，産業，政治，社会，軍事，植民地関連の諸統計を

整理している。

■民力 朝日新聞社 1925- （年刊） CD-ROM版 1996- DVD-ROM 2010- 日常生活に関係の深い統計データがある。

■理科年表 丸善 1925- （年刊） CD-ROM版 1996- 日常生活に必要なデータを暦，天文，気象，物理／化学，地学，生物，環境の7部構成で，それぞれの数値，図表，統計を収録する。付録に公式，数表がある。有料のウェブ版として，"理科年表プレミアム"がある。

（6）ファクトデータベース

■過去の気象データ検索 気象庁 https://www.data.jma.go.jp/obd/stats/etrn/index.php 気象庁が提供している気象データ検索サービスである。1872年以降の日本各地の気温，降水量，風，日照時間などを観測地点や年月日などを指定して年ごとや月ごとの値を表としてまとめて見ることができる。毎日更新されているため最新の気象データを知ることができる。

■CiNii Research プレ版 国立情報学研究所オープンサイエンス基盤研究センター https://cir.nii.ac.jp/ja 学術論文，図書，博士論文，研究プロジェクトなどの情報と共に，研究データが検索できる2020年11月に開始された新サービスである。研究データだけに限定した検索もできる。

13. 年鑑・白書

年鑑とは，ある1年間，ないし数年間に発生した各種のトピックスを中心に，その推移を記録・解説している年刊の逐次刊行物のことをいう。白書とは，政府による公式の調査報告書のことをいう。タイトルに使用される名称には年鑑，年報，要覧，白書，イヤーブック，アルマナック等がある。

（1）総合年鑑（一般年鑑）

■*World Almanac and Book of Facts* World Almanac 1868- （年刊）通称は World Almanac である。政治・経済・社会・文化・宗教・自然などのあらゆる分野について，図，表，統計を用いて解説している。和訳版として

『ワールド・アルマナック』（経済界 1991，1992）が刊行されている。

■朝日年鑑　朝日新聞社　1924-2000　（年刊）　前年12月末までの内外の出来事を対象とする。政治・経済・社会・化学・文化・スポーツ・国際などの各分野について，年表・トピックス・事項解説などを掲載している。

■読売年鑑　読売新聞社　1949-　（年刊）

■時事年鑑　時事通信社　1947-1993　（年刊）　前々年8月から前年7月までの日本と世界の情勢を対象とする。1994年版（1993年刊行）までで，休刊している。前身は『時事年鑑』大正7・8年版（1915年刊行）から『同盟時事年鑑』昭和19年版（1943年刊行）までで，日本図書センターより復刻版がある。

■ *Whitaker's Almanack*　Rebellion　1868-　（年刊）　英国の出版物であるため，英国をはじめとするヨーロッパに関する情報が豊富に収録されている。

（2）専門主題年鑑

■図書館年鑑　日本図書館協会　1982-　（年刊）　前年1月から12月までの日本の図書館にかかわる事象の記録と関連資料などを収録している。

■映画年鑑　時事映画通信社　1946-　（年刊）

■英語年鑑　研究社　1960-　（年刊）

（3）白書

　各府省庁から印刷物の白書が刊行されているが，ここでは，ウェブ上で参照できるページを紹介する。

■e-Gov 白書等　総務省　https://www.e-gov.go.jp/about-government/white-papers.html

■首相官邸 白書　内閣官房　http://www.kantei.go.jp/jp/hakusyo/

【例題8】　日本各地の月別の降雨量を知りたい。

①知りたい情報は，気象に関するデータや統計情報である。ただし，月別の降雨量は基本的なデータであるので，基本統計が載っているツールを使う。また，気象分野の統計情報を収録するツールも使う。

②『日本の統計』の「第1章 国土・気象」の「1-7　気温」に各都道府県の

月別の降水量が掲載されている。

③ "過去の気象データ検索" では，年を選んで指定し，月ごとの値を表示でき
る。値には，気温の平均や降水量の合計などがある。地点は「都道府県選
択」や「地点選択」を使って，すべての都道府県のさまざまな地点を指定で
きる。

9章 歴史・日時の探し方

1. 歴史・日時の特徴とそのアプローチ

　人間社会が形成される中では，さまざまな変遷や興亡がある。それらの経過を記録し後世に伝えているのが歴史書であり，過去から綿々と受け継がれた多くの歴史書がある。それを研究し，事実を解き明かすことに多くの人が関心を示す。図書館にも過去の出来事を調べにくる人は多く，過去を知り，今を考え，未来を予測するための情報資源として歴史関連情報の把握は不可欠である。

　単に歴史といっても範囲は広い。日本史だけではなく，東洋史や西洋史もあり，また年代別の歴史事典も存在する。まずはどこの国の歴史を調べているのかを確認し，その上で通史といえるツールからあたるのが常道である。その上で年代別の歴史事典があればそれにあたる。詳細な情報を必要とする場合には，参考文献を活用し，より詳細な情報資源である歴史の単行資料や研究論文にあたることも必要である。

　歴史的事件は，いつ頃の年代に起きた事柄なのか，またどのような人物がかかわっていたのか，どのような場所と社会的背景があったのかなど，単に事件の概要だけにとどまらず，人物情報や地理情報など，さらに調査の内容が発展していく場合も少なくない。

　過去の出来事や歴史的事件を手早く知りたい場合は，百科事典からのアプローチでも比較的著名な事件や出来事は手がかりが得られるであろう。しかし，知りたい情報が特定の分野における歴史的な事項に関する場合には，基本となる歴史事典や特定分野の専門史事典を活用することも必要となる。歴史や日時に関する質問には，特定の年月日が要求される調査もあるが，戦国時代や江戸時代など，ある程度の時代背景や範囲を必要とする調査も多い。年表はそのような場合にも非常に役立つレファレンスツールであるが，特定の出来事や時代

変化を読み取る場合にも便利なツールである。年表は，日付を頼りにして特定の出来事を調べたい場合や，時系列順に出来事を追いたい場合にも有効である。

　過去の出来事，事物の起源や由来，年中行事や催事などについて調べたい場合は，事物起源事典や年中行事事典などがある。比較的短い期間の出来事などは，新聞社などが発行する年鑑なども利用できる。また出来事などを地図上に表した歴史地図も文章での記述以外の情報が得られ，世界のさまざまな地域の歴史や地域限定の調査に利用できる。

2．歴史事典

　歴史的事実に関する全般的調査や予備調査には，百科事典を使うこともあるが，基本は専門事典の一種である歴史事典を使用する。歴史的な事件や事実を調べる場合，日本での出来事なのか，外国での出来事なのかによって，調査対象となるツールを絞ることができる。特に日本史の基本資料としては，『國史大辞典』（吉川弘文館　1979-1997　17冊）をはじめ，以下に示すツールが挙げられる。

■世界歴史大事典　新装版　教育出版センター　1991-1992　22冊　　哲学，心理，教育，社会に関する事項，文化保存機関の紹介，現代の生活文化全般を対象とし，日本，アジア，アフリカなどの民族文化にも力点をおいた学習者向き歴史事典である。スタンダード版（1995　21冊）もある。

■世界歴史事典　平凡社　1951-1955　25冊　　西洋史，東洋史，日本史を包括する事典である。出版年は古いが大項目主義の事典で，平易な解説，各項目末尾に参考文献を添えている。新装復刊版（1990　10冊）も刊行されている。

■世界遺産事典　シンクタンクせとうち総合研究機構　1997-　（年刊）

■世界女性史大事典　日外アソシエーツ　1999　784p.

■英米故事伝説辞典　増補版　富山房　1972　977, 65p.

■中国歴史文化事典　新潮社　1998　1303p.

■國史大辞典　吉川弘文館　1979-1997　17冊　　最も大規模な日本史辞典である。日本歴史の全領域を収録し，考古学，人類学，民俗学，国語学，宗教，美術など広範な領域における歴史的側面の研究成果を包括している。かな見出

しを五十音順排列し，解説には署名がある。豊富な図版，諸表，系図，参考文献もある。別巻として『日本史総合年表』がある。

　デジタル版が"JapanKnowledge"（有料）に収録されており，見出しはもちろん全文検索が可能である。参考文献，執筆者のみの検索や図版検索もできる。
■日本歴史大辞典　新版　河出書房新社　1985-1986　10冊と別冊2冊　　政治，経済，社会，文学，美術，宗教など，全分野にわたる歴史的事項，事件，人名，作品名などの小項目を五十音順に排列し，簡潔に解説している。別冊は『日本史年表』と『日本歴史地図』からなる。『日本史年表』（第4版　1997）が最新である。
■日本歴史大事典　小学館　2000-2001　4冊　　民俗学，文学，女性史，宗教史，芸術などの分野を収録し，小項目を五十音順に排列し解説しており，署名と参考文献を付している。第4巻が索引・資料となっている。
■日本史大事典　平凡社　1992-1994　7冊　　平凡社の『世界大百科事典』から歴史関連項目を取り出し，五十音順に解説している。各項目末尾に必要に応じて参考文献を紹介している。
■戦後史大事典　増補新版　三省堂　2005　136,1173p.
■平成災害史事典　日外アソシエーツ　1999-　　5年間ごとにまとめて，台風・地震・事故などの災害を，日付順に掲載している。
■日本伝奇伝説大事典　角川書店　1986　1022p.
■国宝大事典　講談社　1985-1986　5冊

【例題1】　元禄地震はいつ，どこで起きた地震か。規模や被害の様子など知りたい。
①「元禄地震」を"Google"で検索すると，千葉県の防災誌である『元禄地震』には，1703年12月31日（元禄16年11月23日）午前0時頃，関東地方を大地震が襲ったことが書かれている。日にちは22日とも23日ともいわれている。また，津波も起きたことが書かれている。一方，2013（平成25）年3月に内閣府から『1703元禄地震報告書』のPDF版が公開されており，地震の規模は，マグニチュードM7.9〜8.2とされているという記述がある。
②『國史大辞典』の索引には，「元禄の地震（元禄大地震)」がある。見出し語

「げんろくのじしん」には，元禄16(1703)年11月22日の夜，武蔵・相模・安房・上総の諸国に起こった大地震。江戸と小田原に激甚な被害を及ぼし，津波の襲来についても書かれている。マグニチュードは8.2と推定され，被害および死者の数等詳しく書かれている。『日本歴史大事典』（小学館）の索引には，「元禄の地震」があり本文をみると，1703年12月31日（元禄16年11月23日）午前2時頃，房総近海（東経139.8度，北緯34.7度）で発生した相模トラフ沿いの大地震（マグニチュード8）と書かれており，被害の状況も詳しく記載されている。『日本史大事典』（平凡社）の索引には，「元禄地震」があり本文をみると，元禄16(1703)年11月23日午前2時ごろに発生した地震。震源地は相模トラフ上の北緯34.7度，東経139.8度の野島崎沖と推定されている。マグニチュードは8.1。被害状況についても詳細に書かれている。『日本史総合年表第二版』では，1703（元禄16)年の項の社会・文化の欄に，11.22南関東大地震，江戸市中被害甚大，小田原城大破と記されている。

③ "コトバンク"で「元禄地震」を全文検索すると，"大辞林第三版""デジタル大辞泉""世界大百科事典 第2版""ブリタニカ国際大百科事典 小項目事典"に見出しがあることがわかる。記述内容は先の内容と共通している。

④ "JapanKnowledge"の"國史大辞典""日本国語大辞典""デジタル大辞泉"でも検索できる。以上，情報資源により，発生日時，マグニチュード，被害状況には厳密には異なる点も見られる。

【例題2】 ロンドンのセントポール大聖堂の建設，消失，再建の歴史と建物の概略を知りたい。

① "コトバンク"で，「セントポール大聖堂」で検索すると，"世界大百科事典 第2版""日本大百科全書（ニッポニカ）""ブリタニカ国際大百科事典 小項目事典""百科事典マイペディア""世界の観光地名がわかる事典"にロンドンのセント・ポール大聖堂についての記載があった。

② "日本大百科全書（ニッポニカ）"には，セント・ポール大聖堂は，ロンドンの司教座聖堂。起源は604年ごろケント王国のエセルバート王によって建立された小聖堂にさかのぼるが，12〜14世紀に新築された大規模なノルマン様式の建物は1666年のロンドン大火で完全に倒壊した。新聖堂の造営計画は

当時の指導的建築家クリストファー・レンに委嘱され，1675～1710年にラテン十字形のプランによる現在の新古典主義様式の建築を完成したことが記載されている。世界第二の規模をもつ聖堂で，正面にはコリント式の双柱群が上下2層に配列され，イタリア・バロック様式の流れをくむ双塔の間には柱廊が張り出して，その上にペジメント（三角形の切妻屋根）が架せられているなど詳細な記述がある。

③ “世界大百科事典”では，ロンドンの中心に建つ英国国教会の司教座教会。現在の建物は1675～1710年にC.レンによって建てられたもの。604年に現在の地に司教座教会が創設されたが，1087年火災に遭い焼失。この後ゴシック様式による大教会が再建され13世紀末に完成したが，1561年火災のため尖塔を焼失し，身廊部も修復を必要とする状態となった。1634年からI.ジョーンズの手によって修理が開始されたものの，1666年のロンドン大火のために壊滅的被害を被ったということが記載されている。印刷物の『世界大百科事典』改訂版（平凡社）では，この解説の続きが掲載されている。すなわち，それ以前から修復に携わっていたレンは，1669年に第1次の再建案を設計。（中略）ドーム基部内側の回廊は，円形の壁を伝わって小さな物音もよく伝わるので，〈ささやきの回廊〉と呼ばれると書かれている。

④ “ブリタニカ国際大百科事典 小項目事典”には，ロンドンのラドゲイト・ヒルにある大聖堂。1666年の大火で旧聖堂は焼失し，C.レンが再建案を作成。1675年の第3案に基づき着工。1710年に完成。平面は141m，31mのラテン十字形の長堂形式で，十字交差部は大ドームを支える広い円形空間となっていると記載されている。

⑤ 印刷物の『万有百科大事典』の索引には，哲学宗教に「セント・ポール大聖堂」の見出し語があり，同様の内容が記載されている。ここには写真は掲載されていないが，美術編には写真が掲載され，建物の大きさも掲載されている。

3．歴史便覧

歴史上の職制や系図，有職故実などの情報を集めた資料が，歴史便覧である。歴史便覧は，歴史事典からは求めにくい事実を整理し，系統図，年表，暦対照

表，史料などの一覧表や歴史的事物を図示して参照しやすいかたちに編集したものである。

■日本史総覧　新人物往来社　1983-1986　9冊　　考古時代から近現代までの歴史的事象に関するさまざまな表や一覧，系図などを収録している。コンパクト版（1987-1989　2冊）および机上版（1988）もある。

■日本史必携　吉川弘文館　2006　709p.　　日本史を読み解く上で必須の年表・図表類などを，基本資料・古代・中世・近世・宗教の5編に精選し，一覧データとしてまとめている。年代表・年表等で現代に関連する重要項目は明治時代以降についても補完している。近年の市町村合併に対応した行政地名表記（2005年4月1日現在）を収録している。

■読史備要　復刻版　講談社　1966　2154p.　　日本史の便覧。年表，歴朝，武家，官職制，国郡沿革，神社仏寺，年中行事，金銀米銭相場，花押印章などの一覧，皇室などの系図などを収録している。

■読史総覧　人物往来社　1966　11, 15, 1864p.　　日本史の便覧であるが，幕末維新史を中心に『読史備要』には含まれない守護一覧，日中交渉年表など30項目余りを新たに追加した。

4．年表

　年表は，年代順あるいは月日順に，関連する事項，事件名，社会的現象を取り上げて列挙し，編年体の表形式に編成したものである。年代の面から各種の情報を探し出せるようになっており，それぞれの事項を解説しているものである。総合年表と専門年表，通史年表と時代史的年表とがある。事象・事件などの出典となった文献を挙げているものもある。タイトルに使用される名称は，年表，年代記，年譜，クロニクル等がある。

■世界史年表・地図　吉川弘文館　1995-　（年刊）　　世界史対照年表，年号表，考古学上の推定年表，西洋人名対照表，欧亜暦年対照表，歴史年表，系図，西洋文化史年表，東洋文化史年表，年代の異説・異同について収録し，年刊であるので直近の年の出来事を収録している。

■世界史大年表　増補版　山川出版社　2018　30, 748, 48p.　　人類の始まり

（700万年前）から2016年までの世界史全般の事項を，多元的，多面的に収録している。付属資料として CD-ROM がある。

■日本史総合年表　第3版　吉川弘文館　2019　4，1286p.　政治・経済，社会・文化，世界の項目別に年表を一覧できる。『國史大辞典』と連動する年表で古代から現代までを収録。1867年以前の日本国内の項目には，原則として文末に出典を記載している。年表の構成にあたっては，年号・暦に関する情報を，琉球・朝鮮・中国を含めた東アジアの王朝までを含めている。

■日本文化総合年表　岩波書店　1990　596p.（CD-ROM 版あり）　古代から1988年までの政治・社会，学術・宗教，美術・芸能，文学，人事，国外に関しての年表である。

■日本史年表・地図　吉川弘文館　1995-（年刊）　日本史年表には，図式日本史年表，日本史重要年表，年表，諸表，系図，文化勲章受章者一覧，年号表を収録し，年刊であるので前年の出来事まで収録している。日本史地図は，歴史事象を地図として表示し，政治・経済・文化の諸方面から収録している。

■データベース20世紀・21世紀年表　政策研究大学院大学・東京大学東洋文化研究所　https://worldjpn.grips.ac.jp/chronology/　1900年以降2006年12月までの日本および世界での出来事を検索できる。

【例題3】　長篠の戦とは，いつ頃起きたどのような戦いか。また，長篠とは，どこにあるか。

① "コトバンク"で「長篠の戦」を入力して検索すると，"百科事典マイペディア"と"デジタル大辞泉"に「長篠の戦い」という見出しがあった。"世界大百科事典 第2版""日本大百科全書（ニッポニカ）""ブリタニカ国際大百科事典 小項目事典""百科事典マイペディア"にも「長篠の戦」あるいは「長篠の戦い」という見出しがあった。

② "日本大百科全書（ニッポニカ）"には，1575年（天正3）三河国長篠（愛知県新城市）において行われた，武田勝頼と徳川家康・織田信長連合軍との合戦とあり，戦いの様子が非常に詳細に記載されている。

③ "世界大百科事典 第2版"には，1575（天正3）年5月21日に織田信長，徳川家康の連合軍が武田勝頼の軍を三河の設楽原（現，愛知県新城市）で破っ

た合戦とあり，戦いの様子が記載されている。

④ "JapanKnowledge"で「長篠の戦」を入力して検索すると，"國史大辞典"
"誰でも読める日本史年表""日本国語大辞典""デジタル大辞泉""日本大百
科全書（ニッポニカ）""Encyclopedia of Japan"（英語）の6件がヒットす
る。"國史大辞典"では，1575(天正3)年5月21日に織田信長・徳川家康連
合軍が武田勝頼の軍を三河国設楽原（愛知県新城市）で破った合戦と書かれ
ており，戦いの様子が詳細に書かれている。参考文献もある。

⑤ "誰でも読める日本史年表"では，1975(天正3乙亥)年5-21信長・徳川家
康，長篠に勝頼を大破（長篠の戦）(細川家文書)と書かれている。他の資
料も同様の内容であった。

⑥印刷物の『國史大辞典』は電子版と本文の内容は同じであるが，長篠合戦図
屏風が掲載されている。武田勝頼の項にも，戦いの模様が書かれている。
『日本史大事典』（平凡社）と『角川日本史辞典　蔵書版』（角川書店）にも，
同様の内容が書かれている。『日本史総合年表　第二版』の1575(天正3乙亥)
年には，4.21武田勝頼，三河国長篠城を攻囲（古文書纂）。5.21信長・徳
川家康，長篠に勝頼を大破（長篠の戦）(細川家文書)と記載されている。

5. 事物起源事典・行事事典

　日常なにげなく使っているモノや事象には，それぞれ固有の起源があり，独
自の歴史をもっている。そのモノや事象がどのように生まれ，変化してきてい
るのかを知るためのレファレンスツールが事物起源事典である。事物起源事典
のさきがけとなった資料は1908(明治41)年に石井研堂が著した『明治事物起
原』（橋南堂）である。

　人間が営んできた生活の中で，毎年特定の日時に繰り返し行われる行事や祭
りなどを解説したレファレンスツールに，年中行事事典がある。

　時事問題については年鑑を用いるが，特定分野の出来事や統計については，
総合年鑑よりも専門主題年鑑や統計年鑑が有効であることも多い。統計と年鑑
については，8章12節および13節で述べている。

■明治事物起原　筑摩書房　1997　8冊　　明治維新後の欧米からもたらされ，

生活基盤を築いたさまざまな新事物について，由来，沿革などを五十音順に解
説している。1908年に発行以来，春陽堂，日本評論社からも増訂など含め出版
され，2004年クレス出版の『明治事物起原増訂』（紀田順一郎監修）がある。
■図説明治事物起源事典　柏書房　1996　465p.　明治の新しい事物や制度
に関して，政治・経済篇と社会・生活篇に分けて解説している。政治・経済篇
ではペリー来航から明治天皇崩御まで，政治と経済にまつわる59項目を年代順
に収録している。社会・経済篇では社会にまつわる事項141項目を10章に分け
て収録している。関係年表，主要人名・事項索引がある。
■事物起源辞典　衣食住編　新装版　東京堂出版　2001　11, 430p.　衣食住
に関連ある諸事物の起原発生を解説している。起原の説明が発生からの分化や
変化も考慮して現状に到達するまでの経緯を詳しく解説している。
■舶来事物起原事典　名著普及会　1987　450p.
■年中行事大辞典　吉川弘文館　2009　6, 725, 107p.　歴史のなかに年中行
事を位置づけ，祭りのほか，あらゆる時代の年中行事を網羅的に収録している。
■日本まつりと年中行事事典　桜楓社　1983　566, 246p.　神社や寺院の祭
礼，家庭などで行われる年中行事などを五十音順に排列し解説している。都道
府県別行事，月別行事一覧，記念日・忌日一覧も収録している。
■祭・芸能・行事大辞典　朝倉書店　2009　2冊
■国立国会図書館インターネット資料収集保存事業（WARP）　国立国会図書
館　https://warp.da.ndl.go.jp/　国立国会図書館が過去のウェブ上に公開され
たウェブページを自動収集しているサイトであるが，この中に「イベント」の
項目があり，日本の祭りなどのウェブサイトを収集している。網羅的とはいえ
ないが，大きな祭りなどのウェブページを参照することができる。
■コトバンク　世界の祭り・イベントガイド　講談社　https://kotobank.jp/dic
tionary/festival　キリスト教や仏教の伝統的な行事から，スポーツ・芸術・
グルメの祭典まで，世界中のビッグイベントの概要，歴史，開催日程などを網
羅している。

6．歴史地図

　歴史地図は，各年代の支配者の勢力範囲や国境，民族移動の変遷，思想や技術の伝播状況など，過去の出来事を時間の流れにそって地図に示したレファレンスツールである。地図と併せて，各年代に起きた歴史的事件などの解説が付いているものもある。日本史に関する歴史地図では，先に挙げた『日本史年表・地図』（吉川弘文館　年刊）がコンパクトで使い勝手がよい。

　歴史地図を提供するウェブサイトも存在するが，小学生の学習向けや個人作成のものが多いので，本書では取り上げていない。

■世界史アトラス　集英社　2001　350p.　　年代別世界史，地域別世界史に分けて，世界の歴史を大陸別に地図や挿図で表して解説している。

■三省堂世界歴史地図　三省堂　1995　375p.　　人類の誕生から現代までの世界史の流れを，世界の各時代，各地域について，民族・歴史・社会・文化の特徴・趨勢を示している。一つのテーマを見開き2ページで掲載し，年表を付している。地図，絵，写真が豊富で，全ページオールカラーで収録している。フランス・アシェット社『人類の歴史』の日本語版である。

■朝日＝タイムズ世界歴史地図　朝日新聞社　1979　360p.　　人類誕生から1975年までの全時代，全地域における歴史を，諸大陸における大きな動きに重点をおいた地図とその概観がわかるようにまとめている。巻頭に年表と世界史の地理的背景を解説している。

10章 地理・地名・地図の探し方

1．地理・地名・地図の特徴とそのアプローチ

　地理の用語や自然地理・人文地理に関する調査では，「地理学事典」が役に立つ。ある地域・地名の位置や自然的環境を視覚的に知るには「地図」や「地図帳」や「地図サイト」を，ある地名の由来，所在，規模，人文的，自然的環境などを調べるときは「地名事典」を用いる。有名地の観光情報を調べる時は「旅行ガイドブック」や「観光協会のウェブサイト」がよい。また，ある国・地域の住民の生活，経済，社会，文化などについての情報を得るには「地域事典」「地域便覧」のほか「地域百科事典」や「地域年鑑」などを用いる。「国や自治体のウェブサイト」では，その地域についての情報が詳しく手に入るので，地理情報全般的について補足的に用いるとよい。

2．地理学事典

　地理学分野の専門事典である。地理学の専門用語や，地理や地名に関する語を見出しとしていて，解説も記載されている。
■地理学辞典　改訂版　二宮書店　1989　803p.
■オックスフォード地理学辞典　赤倉書店　2003　3,308p.
■人文地理学事典　丸善出版　2013　22,761p.
■自然地理学事典　朝倉書店　2017　465p.

3．地図帳・地図・地図サイト

　地図（map）は，地球の表面の現象などを一定に縮尺し，記号や文字を用い

て平面上に表現した図である。多くの地図を合わせて，冊子の形に綴じたもの
を地図帳（atlas）という。通常，地図帳には地名索引が付けられている。地
形や集落を表示する地図からなる一般地図帳と，各種の主題に関する地図から
なる専門地図帳に大別できる。また，ウェブ上には，住所や地名などから検索
できる地図サイトがある。

（1）一般地図帳

■世界大地図帳　7訂版　平凡社　2015　15, 341p.
■グローバルマップル：世界＆日本地図帳　2版　昭文社　2020　22, 162p.
■Premium atlas（プレミアムアトラス）世界地図帳　新訂第4版　平凡社
2020　22, 162p.
■Premium atlas（プレミアムアトラス）日本地図帳　新訂第4版　平凡社
2020　8, 176p.

（2）専門地図帳

■日本歴史地図　全教図　1977　482p.　　1956（昭和31）年出版の復刻版であ
る。万葉集歌謡地名索引，一般索引，外国地名索引，主要遺跡・遺物地名表，
日本暦元号表，現代日本地図が付されている。
■日本国勢地図　新版　日本地図センター　1990　218p.　CD-ROM版　1997
自然，気候，人口など14項目にわたる235種の地図からなる。1997（平成9）年
に刊行されたCD-ROM版では，統計数値を可能な限りアップデートしている。
■地価公示　大蔵省印刷局　1970-　（年刊）　CD-ROM版　1999-　ウェブ版
2001（平成13）年以降の発行は，財務省印刷局，独立行政法人国立印刷局，住宅
新報社など発行年によって出版者が異なる。2002（平成14）年版以降は付属資料
としてのCD-ROM版がある。同様の内容を閲覧できるものとして，国土交通
省が提供する"土地総合情報システム"（https://www.land.mlit.go.jp/webla
nd/）の"地価公示都道府県地価調査"がある。

（3）地図サイト

　地図検索では，住所や郵便番号を指定する検索方法が基本となる。また，日

本地図や都道府県地図の画像上をクリックすることで検索できることも多い。また，最寄り駅・沿線を指定しての検索機能を用意しているところも多い。これは，駅名を入力するだけで，その駅周辺の地図を表示する機能である。そのほか，学校・公園・商業地区や名所などを指定した検索などもある。

　また，地図の表示では，住所，地名，行政区の境界，道路，鉄道といった基本的な要素以外にも，学校などの公共施設，さらには縮尺に応じて，コンビニエンスストアなどの小規模商業施設や周辺のビルの形状などの詳細を表示する機能を備えたものもある。また近年では，単に表示するだけでなく，マウスでスクロールしながら見たい地域周辺をインタラクティブに確認できる機能まで用意するサービスも出始めている。

　ウェブ上の地図サイトの特徴は，地図や航空写真だけでなく，他のウェブ検索サービスの関連結果や関連ウェブコンテンツへ，シームレスに接続できることである。

■Mapion　ONE COMPATH　https://www.mapion.co.jp/　　住所などの基本的な検索機能以外に，施設や目印などの目的地となるランドマークの名称から検索できる。また，徒歩やジョギングの距離がはかれるキョリ測などのサービスもある。

■Yahoo!地図　Yahoo! JAPAN　https://maps.yahoo.co.jp/　　航空写真も見ることができる。主要な施設名，地名，住所，郵便番号を入力して検索する機能や，住所一覧のリンクをたどっていく検索方法を提供している。

■Google マップ（Japan）　Google　https://google.co.jp/maps/　　他の地図検索サイトとは異なる検索方法や表示インタフェースを持っている。航空写真（サテライト）も見ることができる。検索語を使って検索すると，類似度の高い場所を地図上に簡易表示する。そのほかにも，当該地点の写真をその場にいるかのように閲覧できるストリートビュー機能が特徴である。

■地理空間情報ライブラリー　国土地理院　http://geolib.gsi.go.jp/　　住所や施設名で地図や空中写真を検索し，閲覧できる。さまざまな時期に撮影された空中写真を閲覧することができる。古いものでは，1936年1月に撮影されたものもある。また，地図情報に関するさまざまなサービス（"地理院地図（電子国土 Web)""古地図コレクション"）へのリンクなどもある。

【例題１】「東京都千代田区一ツ橋一丁目二番地一」の地図が見たい。

① "Mapion"（"Yahoo!地図" や "Google マップ" でもよい）のクエリボックスに「東京都千代田区一ツ橋一丁目二番地一」と入れて検索する。

②該当の位置をマークした地図が表示される。

【例題２】「博物館」がどことどこにあるか知りたい。

① "Google マップ" のクエリボックスに「博物館」を入力して，「Enter」キーを押す。

②検索結果が博物館の地図上の位置とともに表示される。

4．地名事典

　地名事典（geographic dictionary）は，地名，山名，川名などを見出しとして，読み方，地理上の位置，人文地理，自然地理の特徴・歴史・語源などを解説する。

■世界地名大事典　朝倉書店　2012-2017　9冊

■コンサイス外国地名事典　第3版　三省堂　1998　1154, 109p.

■世界地名ルーツ辞典：歴史があり物語がある　牧英夫編著　創拓社　1990　430p.

■日本地名ルーツ辞典：歴史と文化を探る　創拓社　1992　1078p.

■角川日本地名大辞典　角川学芸出版　2009（オンデマンド出版）　68冊　CD-ROM版　2002　DVD-ROM版（新版）　2011　古代から近代までの地名を解説している。別巻，「日本地名資料集成」と「日本地名総覧」がある。難読地名一覧を含んでいる。新版は "JapanKnowledge"（有料（追加プラン））でも検索できる。

■日本歴史地名大系　平凡社　1979-　53冊　ウェブ版　歴史的に由緒ある地名について，典拠文献を示して解説している。難読地名索引がある。各巻には文献解題がある。"JapanKnowledge"（有料（追加プラン））でも検索できる。

■大日本地名辞書　増補版　富山房　1992　8冊　国郡，郷荘，村里，社寺，山川，などの地名について，文献と典拠にして歴史的，民俗学的側面から解説している。

■日本地名大百科　ランドジャポニカ　小学館　1996　16, 1327p.

【例題3】　広島県に神谷川があるらしいがそれはなんと読むのか，どんな川な
　　のかを知りたい。

①日本の川名についての質問なので，日本の地名を扱った事典を用いる。

②広島県の川とあるので，『角川日本地名大辞典』（34 広島県）を用いる。読
　　み方を調べるために，難読地名索引を用いる。「神谷川」の最初の文字の
　　「神」は9画であるので「九画」の欄を引くと「神谷川　かやがわ」とあっ
　　た。「かやがわ」と引くと見出し語「かやがわ　神谷川〈神石郡三和町・新
　　市町〉」があり，「1級河川芦田川水系の支流 。神石郡三和町父木野西方山
　　中に源を発し，南流し芦品郡新市町の市街地南辺にて芦田川に注ぐ。流長
　　21km。（後略）」とあった。

③『日本歴史地名大系』（35 広島県の地名）の索引から「かやがわ」で引くと，
　　「神谷川　上217」とあった。見出し語「神谷川」に「源は藤尾の父尾谷にあ
　　る高龗神社（竜王社）の雨壺滝。神石郡三和町父木野，金丸などより流れ
　　出る小河川を集めて南流，常・上安井・下安井・宮内・新市を貫流して通称
　　ススハキで芦田川に合流する。（後略）」とあった。

5．国や自治体のウェブサイト

　　国や地域についての情報が詳しく手に入るのは，その国の政府や行政機関，
その地域の自治体が運営しているウェブサイトである。国の関係機関が運営し
ているウェブサイトでは，その国の各自治体単位での統計情報を整理しまとめ
て提供しているもの（例：わがマチ・わがムラ―市町村の姿―）や，他の国に
ついて国ごとにまとめて提供しているもの（例：外務省 各国・地域情勢），各
国・自治体自身のことを提供しているもの（例：福山市ホームページ（福山市
の公式ウェブサイト））などがある。

■わがマチ・わがムラ―市町村の姿―　農林水産省　http://www.machimura.
maff.go.jp/machi/　このサイトは，農林水産省の統計データのほか，他府省
の統計データを利用して，都道府県や市町村毎の「基本データ」（土地面積，

人口，世帯など），「農業データ」「林業データ」「水産業データ」「農村地域データ」などがある。

■外務省各国・地域情勢　外務省　https://www.mofa.go.jp/mofaj/area/　基礎データ（面積，人口，首都，言語など），日本との関係，海外安全情報などを得ることができる。各国の基本的な情報を得るために便利なウェブサイトである。

■全国自治体マップ検索　地方公共団体情報システム機構　https://www.j-lis.go.jp/spd/map-search/cms_1069.html　日本地図上の中のリンクをたどることで，日本の地方自治体の公式ウェブサイトへ行くことができる。検索エンジンで自治体名を使って検索してうまくいかない場合に利用するとよい。

6．旅行ガイドブックと観光協会のウェブサイト

　旅行・観光情報（ある地域への行き方，名所旧跡の見学時間など）は，最新のものを入手することが重要なポイントである。観光情報を手に入れるには，旅行ガイドブック（旅行案内書，観光案内書）や各地域の観光協会のウェブサイトが役に立つ。以下では一例を挙げる。

■地球の歩き方　ダイヤモンド・ビッグ社　1979-　世界各国，地域のガイドブックがある。

■るるぶ　JTBパブリッシング　1973-　日本の各地域（沖縄，広島，京都など），世界の観光地（ハワイなど）などの旅行ガイドがある。

■旅行ガイドブック（旅行案内書，観光案内書）の調べ方―調べ方案内―　国立国会図書館　https://rnavi.ndl.go.jp/research_guide/entry/post-331.php　旅行ガイドブックを探す方法などに詳しい。必要とする旅行ガイドブックの探し方が分からないときに利用するとよい。

7．地域事典・地域便覧

　地域事典と地域便覧は，区別が難しいためここでは一緒に扱うこととする。地域事典と地域便覧は，その地域の歴史，風土，人物，社会，動植物，風俗・習慣などを収録する。地域事典は百科事典タイプのものも多い。これは地域百

科事典とも呼ぶ。地域には，世界，国，一地域，日本の都道府県などさまざまなものがある。世界や各国を対象とした地域事典・地域便覧は比較的頻繁に改訂されるものが多い。ただし，1980年代に多く出版された日本の各都道府県単位の地域についての地域百科事典は，その後改訂がされていないものが多い。1980年代の都道府県単位の情報についてまとめて得るために利用し，最新の情報については「地域年鑑」や「各自治体のウェブサイト」などを参照する。

■最新世界各国要覧　12訂版　東京書籍　2006　447p.　　世界各国の地理，風土，気候，政治，経済，社会，文化などについて，日本とのかかわりを記述している。

■国土行政区画総覧　新訂版　国土地理協会　2002-　7冊　加除式　　全国の行政区画の変遷と現状，公共機関を示す。全国市制地合併併合一覧表，市町村変遷一覧表，市町村新旧対照表，人口統計表からなる。

■全国市町村要覧　第一法規　1963-　（年刊）　　国勢調査人口，世帯数，面積，人口密度，産業別就業人口，等についての市町村の変遷と現状を示す。

■地方公共団体総覧　ぎょうせい　1972-　12冊　加除式　　地勢，歴史，あゆみ，行政施策の重点事項，行政機構，公共施設，文化・観光施設などがある。

■北海道大百科事典　北海道新聞社　1981　2冊

■東京百科事典　第2版　国土地理協会　1986　729p.

■江戸東京坂道事典　新人物往来社　1998　278p.

■京都大事典　淡交社　1984-1994　2冊

8. 地域年鑑

　ある地域に関する事項について編集した年鑑を地域年鑑という。地域年鑑は，世界各地を広く対象とするものから，国内の特定の地方のみを扱うものまでさまざまである。日本の各都道府県については，地元の新聞社からそれぞれの地域年鑑が刊行されていたが，近年，ウェブサイトの開設により相次いで休刊や廃刊になっている。

■世界年鑑　共同通信社　1949-　（年刊）　CD-ROM版　1993-1997年版，1993-1998年版，1995-1999年版

11章 | 人物・企業・団体の探し方

1. 人物・企業・団体の特徴とそのアプローチ

　人物に関する情報要求は，図書館におけるレファレンス質問のなかで比較的多いことはよく知られている。ただ一口に人物といっても，その人が歴史上の人物なのか，生存する人物なのか，あるいは企業の経営者や役員なのか，研究者なのか，政治家か，作家なのかなどによって，そのアプローチの方法が異なる。たとえば，歴史上の著名な人物であれば，8章で扱った百科事典やその分野の専門事典，9章の歴史事典などのレファレンスブックが活用できる。一方，企業や団体の役員について調査するのであれば，更新が頻繁に行われている有料の商用データベースを用いる必要がある。最近では，ウェブ情報資源からさまざまな情報を無料で入手できるようになってきているが，人物に関する情報を検索するには十分とはいえないのが実情である。

　人物同様，企業や各種団体，機関についての情報も頻繁に求められるものの一つである。企業や団体の多くがウェブサイトを公開している今日，これらの情報は検索エンジンなどを用いることで，容易に検索できるようになっている。ただし，公開される内容は，企業や団体によってばらばらであるし，調査したい情報が掲載されていなかったり，仮に公開されていたとしてもその情報にたどりつけなかったりする場合もある。複数の企業について，同一の項目で比較しようとするならば，この種の情報を収録するレファレンスブックやデータベースを利用するほうが効率的である。企業や団体に関する情報も有料の商用データベースできめ細かなサービスが提供されているほか，無料のウェブサイトも公開されている。さらに，7章で扱った新聞記事・ニュースにも企業や団体の活動状況がたびたび掲載されている。これらをうまく組み合わせて，必要な情報を入手することをこころがけたい。

　本章では，レファレンスブックとともに，主として無料で利用できるウェブサイトを扱う。

2．人物を探す

（1）人名事典

　人名事典とは，著名な人物を対象に，その人名を見出しとして，名前やその読み，別名，生没年，経歴，業績などを調べられるツールである。日本人か外国人か，あるいは一般的か専門分野に特化しているかなど，収録する人物がどの範囲に含まれるかによって選択するツールも異なる。ここでは，そのなかでも主だったものをとりあげる。

a．日本（一般）

■日本人名大事典　平凡社　1979　7冊

■新潮日本人名辞典　新潮社　1991　2086p.　　CD-ROM版（1993）がある。

■日本人名大辞典　講談社　2001　2238p.（CD-ROM付属）　　古代から現代までの7万5,000人を超える人名を収録し，“JapanKnowledge”“コトバンク”に収録されている。

■朝日日本歴史人物事典　朝日新聞社　1994　2462p.　　“コトバンク”に収録されている。

■日本近現代人名辞典　吉川弘文館　2001　1181, 203p.

■国書人名辞典　岩波書店　1993-1999　5冊　　『國書總目録』に収録されている約3万人の生没年，号，家系，経歴を解説している。

■日本女性人名辞典　普及版　日本図書センター　1998　1261p.

■作家のペンネーム辞典　創拓社　1990　509p.

b．世界・外国（一般）

■岩波西洋人名辞典　増補版　岩波書店　1981　1962, 282p.

■岩波世界人名大辞典　岩波書店　2013　2冊　　全世界を対象とし，伝説上の人物から現存者までを網羅，3万8,000項目。『岩波西洋人名辞典』の増補改訂版。

■岩波＝ケンブリッジ世界人名辞典　岩波書店　1997　1459p.　　CD-ROM
版（1998）がある。

■世界人名辞典　新版増補版　東京堂出版　1998-2000　3冊　　「東洋編」
（3版），「西洋編」（4版），「日本編」（5版）の3分冊からなる。

■来日西洋人名事典　増補改訂普及版　日外アソシエーツ　1995　700p.

■コンサイス外国人名事典　第3版　三省堂　1999　1185, 130p.　　姉妹編に
『コンサイス日本人名事典』（第5版，2009　1522, 68p.）がある。

■世界伝記大事典　ほるぷ出版　1978-1990　19冊　　*McGraw-Hill Encyclo-
pedia of World Biography* の翻訳をもとにした事典で，「世界編」（1978-1980,
12巻および索引）と「日本・朝鮮・中国編」（新訂版，1990，6巻および索引）
からなる。約5,500名の略伝に加え，肖像が添えられている。

■世界人物逸話大事典　角川書店　1996　1178p.

【例題1】　童話作家アンデルセンのフルネームと略歴を知りたい。

①『岩波西洋人名辞典』（増補版，1981）を用いる。

②見出しは，五十音順なので，アンデルセンで検索すると，106ページに該当
　する見出し語が見つかる。

③収録されている2名のアンデルセンのうち，一人目の「Andersen, Hans
　Christian」が該当する人物である。1805年4月2日，デンマーク・オーデ
　ンセの生まれで，父は貧しい靴職人であったことなどが記載されている。

　研究者や各分野の専門家は前掲したaやbのような一般人名事典に収録され
にくい。その場合には，主題ごとに刊行された専門人名事典や専門事典を参照
するとよい。

ｃ．人名読みかた辞典

　人名の読みかたに特化したツールもある。

■新・アルファベットから引く外国人名よみ方字典　日外アソシエーツ　2013
809p.

■人名よみかた辞典　新訂第3版　日外アソシエーツ　2004　2冊

■姓名よみかた辞典　日外アソシエーツ　2014　2冊　　上述『人名よみかた
辞典』の全面改訂版で，姓の部と名の部の2冊からなる。

d．肖像事典

　一般の人名事典や百科事典でも肖像が掲載されることが多いが，肖像を扱ったレファレンスブックもある。

■日本肖像大事典　日本図書センター　1997　3冊

■日本女性肖像大事典　日本図書センター　1995　198p.

■日本名家肖像事典　ゆまに書房　1988-1990　19冊　　DVD版（2012）がある。

e．架空人物事典

　実在しない，すなわち架空の人物を扱ったツールもある。

■欧米文芸登場人物事典　大修館書店　1986　537p.

■中国妖怪人物事典　講談社　1996　706, 25p.

■架空人名辞典　日本図書センター　2011　2冊　　欧米編と日本編の2巻からなる。

■日本架空伝承人名事典　新版　平凡社　2012　619, 14p.　　“JapanKnow-ledge”に収録されている。

■日本現代小説大事典　明治書院　2004　1613p.　　巻末にある「主要な登場人物（主人公）索引」を探索ツールとして活用できる。なお，増補縮刷版（2004　1483p.）にはこの索引がないので注意が必要である。

（2）人名録・人名鑑

　主として現存する人物を選択，収集し，その人名を見出しとしたツールを人名録，人名鑑という。現在活躍する人物であれば，『読売年鑑』といった一般年鑑や，その人が所属する専門分野の専門年鑑の名簿にも記載されることがあるので，併せて利用したい。ここでは，これらの主要な情報資源を提示するほか，故人を探すための物故人名録もとりあげる。

a．日本

■新訂現代日本人名録2002　日外アソシエーツ　2002　4冊　　日本の学術，経済，産業，政治，行政，文化，芸術，芸能，スポーツ，ジャーナリズムなどの各界で活躍する12万人（2001年11月現在生存）のプロフィールと連絡先を収録している。2004年に内容を改訂した“CD-現代日本人名録2004”（CD-ROM版）もある。

■人事興信録　1-45版　興信データ　1903-2009　（隔年刊）

■日本紳士録　1-80版　ぎょうせい　1889-2007　（隔年刊）

■著作権台帳：文化人名録　昭和26年版-26版　日本著作権協議会　1951-2001　CD-ROM（1998年版，2002年版）がある。

■職員録　国立印刷局　1886-　（年刊）　上下巻からなり，上巻は中央官庁等，下巻は都道府県および市町村等の職員を採録する。平成11年版から17年版までCD-ROM版がある。

■全国大学職員録　廣潤社　1954-2006　（年刊）　昭和54年版から「国公立大学編」「私立大学編」の２分冊となった。姉妹編に『全国短大・高専職員録』（廣潤社，1964-2006年刊）がある。

■ダイヤモンド会社職員録　全上場会社版　ダイヤモンド社　1951-2010　（年刊）　全国５証券市場に上場している企業の概要，役員，部課長の一部を収録したもので，CD-ROMが付属している。

■ダイヤモンド会社職員録　非上場会社版　ダイヤモンド社　1965-2010　（年刊）

ｂ．世界・海外

■現代外国人名録　日外アソシエーツ　1992-　（４年毎改訂）　日本で広く知られている，世界各国・各界で活躍する外国人のプロフィールを収録している。"CD-現代外国人名録2002"（CD-ROMは2002年版のみ）もある。

■ *Who's Who in the World*　Marquis Who's Who　1971-　（年刊）　世界中の著名人を収録した人名録。このほか，各国で同様のタイトルのレファレンスツールが発行されている。オンラインデータベース（有料）もある。

■Gale In Context：Biography　Gale　https://www.gale.com/intl/c/biography-in-context　64万人以上の人物情報を収録した有料データベース。

ｃ．物故者

■明治過去帳：物故人名辞典　新訂版　東京美術　1971　167, 1264p.

■大正過去帳：物故人名辞典　東京美術　1973　１冊

■昭和物故人名録：昭和元年～54年　日外アソシエーツ　1983　747p.

■現代物故者事典　1980～1982　日外アソシエーツ　1983-　３年ごとに３年分の物故者の情報を収録，発行している。1983年から1987年分は『ジャパンWHO was WHO：物故者事典1983-1987』である。

■CD- 現代日本人名録：物故者編　1901-2000　日外アソシエーツ　2002
CD-ROM

■ *Who Was Who in America*　Marquis Who's Who　1942-　（隔年刊）

（3）人名索引など

　人名索引とは，人名事典をはじめとする各種情報資源のどれに，どの人物の
情報が掲載されているのかを調べるためのツールである。ここでは，ある特定
の人物に関して扱った文献等を検索できる人物文献索引も併せてとりあげる。

■人物レファレンス事典　新訂増補　日外アソシエーツ　1996-　　人物事典，
百科事典，歴史事典などに掲載された日本人名の見出しを収録し，その人物の
名前，読み，生没年など，人物を特定できる情報と，収録されている事典名な
どが検索できる。「古代・中世・近世編」「同Ⅱ（1996-2006）」「同Ⅲ（2007-
2016）」「明治・大正・昭和（戦前）編」「同Ⅱ（2000-2009）」「同Ⅲ（2010-
2018）」「昭和（戦後）・平成編」「昭和（戦後）・平成編2（2003-2013）」があ
る。"CD- 人物レファレンス事典：日本編：古代〜平成"（CD-ROM 版，
2004）もある。

■人物レファレンス事典　日外アソシエーツ　2008-　　主題によって編集さ
れた人名索引で，「郷土人物編」「郷土人物編第Ⅱ期（2008-2017）」「文芸篇」
「美術篇」「科学技術篇」「音楽篇」「架空・伝承編」がある。続編として，「思
想・哲学・歴史篇」など11篇14冊からなる『日本人物レファレンス事典』
（2013-　）がある。

■外国人物レファレンス事典　日外アソシエーツ　1999-　　『人物レファレン
ス事典』と同様のもので，日本人以外を収録対象としている。"CD- 人物レ
ファレンス事典：西洋・東洋編：古代〜20世紀"（CD-ROM 版，2004）もある。
続編として，『西洋人物レファレンス事典』（2012-　），『東洋人物レファレン
ス事典』（2013-　）がある。

■日本人物情報大系　皓星社　1999-2002　100冊　　戦前までに発行された資
料を対象とした人名索引で，「女性編」「満州編」「憲政編」「企業家編」「学芸
編」「書画編」「朝鮮編」「諸芸編」「宗教編」がある。それぞれに被伝記者索引
が付いている。この索引は，同社のウェブサイト（http://www.libro-kosei

sha.co.jp/f_j_all.htm）で検索できる。

■日本人物文献目録　平凡社　1974　　明治初年から昭和41年末までに刊行された，古代から現代までの約３万名の日本人の伝記を扱った図書や雑誌記事を検索できる。"JapanKnowledge" に収録されている。

■伝記・評伝全情報　日外アソシエーツ　1991-　　「日本・東洋編」「西洋編」があり，1945年以降に刊行された伝記などを検索できる。

■人物文献目録　日外アソシエーツ　1981-　　伝記をはじめ，作家論，人物論，年譜，書誌など，その人物について扱った文献の書誌情報を収録する。「日本人編」「外国人編」の分冊になっている。

■人物書誌大系　日外アソシエーツ　1982-　　シリーズ形式の個人書誌。

■ *Biography and Genealogy Master Index*　2nd ed.　Gale Group　1980-　（年刊）　　アメリカ人を中心とした人名索引で，家系のルーツも調べられる。Gale あるいは "Ancestry"（https://www.ancestry.com/）から同名の有料データベースを利用できる。

【例題２】　『広辞苑』を編纂した新村出について扱った人名事典にはなにがあるか。

①『人物レファレンス事典．明治・大正・昭和（戦前）編』を用いる。

②本書は，人名の読みの五十音順に排列されている。したがって，人物の読みがわからないときは巻頭の「姓の読みがなガイド」やウェブ情報資源などを利用して調べる。

③読みの「しんむら・いずる」で検索すると，1,052ページに掲載されていた。『近代日本哲学思想家辞典』（東京書籍）のほか，19種類の人名事典に収録されていることがわかった。なお，事典名は略号で示されているので，10から11ページに掲載されている「収録事典一覧」で正式名称を確認する必要がある。

（4）ウェブ情報資源を利用する

a．研究者情報

■researchmap　科学技術振興機構　https://researchmap.jp/　　国内の大学や研究機関等の研究者およびコミュニティ情報を収録したデータベースで，科学

技術振興機構（JST）が提供している[1]。研究者に関する情報のほか，研究機関，研究課題，研究資源情報を検索できる。30万名を超える研究者情報が登録され（2020年8月参照），名前や所属機関のほか，研究分野，研究課題，研究業績などを調べられる。

【例題3】　ノーベル賞受賞者梶田隆章氏の所属や研究分野，研究業績を検索したい。

① "researchmap" の「研究者をさがす」をクリックして，検索ボックスに「梶田隆章」と入力し検索ボタンをクリックする。

②検索結果一覧のなかから，「梶田　隆章（カジタ　タカアキ）」を選ぶ。

③求める情報が表示されたことを確認する（11-1図）。なお，所属や研究キーワード，研究分野などで表示されているリンクをクリックすると，それぞれのキーワードに関連する研究者を検索できる。

b．その他の情報資源

■Biography.com　A&E Television Networks　https://www.biography.com/search/　アメリカやカナダで放映されている Biography というテレビプログラムのウェブサイト。現代人から歴史的人物まで，さまざまな人物情報が掲載されている。映像資料もある。

■人名事典　PHP研究所　https://www.php.co.jp/fun/people/　作家などを含む著名人5,231名（2021年1月現在）の人物情報を収録している。

■人名録 KEY PERSON　CBR　http://www.person.cbr-j.com/　各界の著名人8,900名（2020年8月現在）の名前，読み，生年月日，経歴などを収録している。

■近代日本人の肖像　国立国会図書館　https://www.ndl.go.jp/portrait/　近代日本の形成に影響のあった日本人約600名（2021年1月現在）の肖像画データベースである。

1：2009年から JST が提供する研究者，文献，特許等のデータベースが "J-GLOBAL"（https://jglobal.jst.go.jp/）でも統合的に提供されるようになった。"J-GLOBAL" で研究者名を入力して検索すると，検索結果に "researchmap" へのリンクが表示される。また "researchmap" に J-GLOBAL ID が表示され，"J-GLOBAL" へのリンクも表示される。

11-1図　「梶田隆章」で検索した結果の画面表示

■肖像情報データベース　東京大学史料編纂所　https://wwwap.hi.u-tokyo.ac.jp/ships/shipscontroller　肖像図版の所在情報を検索できる。

■史料編纂所所蔵肖像画模本データベース　東京大学史料編纂所　https://wwwap.hi.u-tokyo.ac.jp/ships/shipscontroller

3．企業を探す

（1）名鑑

■東商信用録　東京商工リサーチ　1967-　（年刊）　全国の企業約27万5,000社の所在地，事業内容，資本金，従業員数，業績などを収録する。全国8ブロック10巻に分けて発行される。"TSR 企業情報ファイル CD・Eyes50" "同CD・Eyes"（CD-ROM 版）もある。

■帝国データバンク会社年鑑　帝国データバンク　1994-　（年刊）　全国の

金融機関および企業14万社の情報を収録する。「東日本編」と「西日本編」からなる。

■会社年鑑　全国上場会社版　日本経済新聞社　1949-2006　（年刊）

■会社四季報　東洋経済新報社　1936-　（季刊）　冊子体のほか，CD-ROM版，1936年から2011年までのデータを収めた"会社四季報全75年 DVD（1936-2011）"がある。『会社四季報未上場会社版』（1983-　半年刊）および CD-ROM 版，有料オンライン版"会社四季報 ONLINE"もある。また，"JapanKnowledge"（有料）にも収録されている。

■日本の企業グループ　東洋経済新報社　1984-　（年刊）　国内のグループ親会社ごとに傘下の企業の会社名，主な事業内容，資本金，持ち株比率，従業員，売上高などの企業情報を収録する。『週刊東洋経済』の臨時増刊の一つ。

■外国会社年鑑　日本経済新聞社　1978-2005　（年刊）

■外資系企業総覧　東洋経済新報社　1985-　（年刊）　主な在日外資系企業に関する情報を収録する。『週刊東洋経済』の臨時増刊の一つ。CD-ROM 版もある。

■会社四季報業界地図　東洋経済新報社　2006-　（年刊）　国内の業界の動向や勢力関係，主要企業間の関係などを図式化してまとめている。"東洋経済デジタルコンテンツライブラリー"（有料）にも収録されている。

■日経業界地図　日本経済新聞社　2010-　（年刊）　"日経テレコン"（有料）にも収録されている。

■日本会社史総覧　東洋経済新報社　1995　3 冊

■会社史総合目録　増補・改訂版　日本経営史研究所　1996　818p.　全国50機関が所蔵する会社史，経済団体史の総合目録。その後に発行された会社史等を補完する『会社史・経済団体史総合目録．追録』（専門図書館協議会関東地区協議会，1994-2011）および『会社史・経済団体史新刊案内』（専門図書館協議会関東地区協議会，2012-　）もある。

（2）ウェブ情報資源を利用する

a．Yahoo! ファイナンス

■Yahoo! ファイナンス　ヤフー　https://finance.yahoo.co.jp/　"Yahoo! JA-

PAN"による金融に関するポータルサイト。"企業情報— Yahoo! ファイナンス"（https://profile.yahoo.co.jp/）には，『会社四季報』を基にした上場企業のデータが収録されている。

【例題４】　山崎製パンの本社所在地，設立年月日，売上高，株価情報を知りたい。
①"Yahoo! ファイナンス"のトップページのなかから，「企業情報」を選択する。
②検索ボックスに「山崎製パン」と入力して，「上場企業検索」ボタンをクリックすると，会社概要，株価情報などが表示される（11-2図）。
③質問のうち，売上高は画面左にある「基本情報」のなかから適切なリンクをクリックする。たとえば，連結売上高を調べるのであれば，「連結決算推移」をクリックすると過去３期分の情報が得られる。
④また，詳細な「株価情報」を知りたいときには，同じく画面左の株価情報欄の会社名「山崎製パン（株）」をクリックすると，前日終値や始値，出来高などを確認できる。また，株価の推移を期間ごとにチャートで閲覧できる。

b．その他の企業情報

■会社四季報 ONLINE　東洋経済新報社　https://shikiho.jp/　　上場企業の基本情報や業績，関連ニュースを有料で閲覧できる。"JapanKnowledge"（有料）にも収録されている。

■日経会社情報 DIGITAL　日本経済新聞社　https://www.nikkei.com/nkd/　上場企業の概要，業績，関連ニュースを検索，閲覧できる。

■J-GoodTech（ジェグテック）　中小企業基盤整備機構　https://jgoodtech.jp/pub/ja/　　製造業，ソフトウェア業，情報処理サービス業，およびものづくりに付随するサービス業を営む中小企業の製品情報や技術情報等を検索できる。サービスや製品名などのキーワードによる検索のほか，業種，海外対応状況，特徴や実績といった各カテゴリーからも検索できる。

■倒産情報　帝国データバンク　https://www.tdb.co.jp/tosan/　　負債額30億円以上の倒産企業に関する記事を直近40件まで掲載するほか，倒産集計を提供する。

■EDINET　金融庁　https://disclosure.edinet-fsa.go.jp/　　有価証券報告書等を閲覧できる。

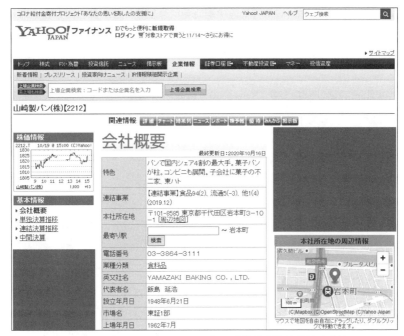

11-2図　"Yahoo! ファイナンス"の企業情報検索結果画面例

■社史・技報・講演論文集検索　神奈川県立川崎図書館　https://www.klnet.
pref.kanagawa.jp/kawasaki/search/cole.htm　　同館が所蔵する会社史，経済団
体史，労働組合史からなる社史コレクションを検索できる。

4．団体・機関を探す

（1）学校・研究機関等

■全国大学一覧　文教協会　1964-2015　（年刊）
■全国短期大学・高等専門学校一覧　文教協会　1967-2016　（年刊）
■全国試験研究機関名鑑　ラテイス　1963-2009　（隔年刊）　　CD-ROM 付属。
■学会名鑑　2007〜2009年版　日本学術協力財団　2007　2冊　　日本を代表
する1,767の学術研究団体を収録する。これ以前に2001〜2003年版，2004〜

2006年版が発行されている。『全国学術研究団体総覧』を改題したものである。

■学会名鑑　日本学術会議，日本学術協力財団，科学技術振興機構　https://gakkai.jst.go.jp/gakkai/　　日本学術会議の協力学術研究団体の情報を収録している。

■政策研究のネットワーク　NIRA 総合研究開発機構　https://www.nira.or.jp/network/　　日本および世界のシンクタンクに関する情報を提供するウェブサイトで，国内286機関（2014年１月現在），海外450機関（2008年３月現在）（いずれも2021年１月参照）の情報が閲覧できる。

■ *The Europa World of Learning*　Routledge　1947-　（年刊）　　世界中の高等教育機関，図書館，学会，研究機関，博物館・美術館等の概要や連絡先を収録している。同名の有料ウェブサイト（https://www.worldoflearning.com/）もある。

（2）政府機関等

■官公庁便覧　日本加除出版　1985-　（年刊）
■官公庁サイト一覧　内閣府大臣官房政府広報室　https://www.gov-online.go.jp/topics/link/
■e-Gov　総務省　https://www.e-gov.go.jp/　　省庁のほか，独立行政法人等のウェブサイトを検索できる。
■全国自治体マップ検索　地方公共団体情報システム機構　https://www.j-lis.go.jp/spd/map-search/cms_1069.html　　全国の地方自治体のウェブサイトを地図，あるいは都道府県名等から検索できる。

（3）国際機関

　国際連合をはじめ各種国際機関では，ウェブサイトを利用して，公式ドキュメント類など，さまざまな情報を提供している。国際機関の検索には，検索エンジンのほか，国内に設置されている国連寄託図書館のウェブサイトで提供されているリンク集の活用が効率的である。

■国際機関総覧　日本国際問題研究所　1986-2002　（年刊）
■国際学術団体総覧　日本学術会議　1979　954p.

■国際機関等の空席情報ページ一覧　外務省国際機関人事センター　https://www.mofa-irc.go.jp/link/link.html
■諸外国の公的機関＆国際組織のホームページ　京都大学大学院法学研究科附属国際法政文献資料センター　http://ilpdc.law.kyoto-u.ac.jp/kikanryaku3.htm

（4）その他団体・機関

■全国各種団体名鑑　原書房　1966-　（隔年刊）
■全国組織女性団体名簿　市川房枝記念会出版部　1990-　（隔年刊）
■助成団体要覧：民間助成金ガイド　助成財団センター　1988-　（隔年刊）助成財団センターのウェブサイト（http://www.jfc.or.jp/grant-search/z_search.php5）でも同種の情報を検索できる。
■公益法人 information　内閣府　https://www.koeki-info.go.jp/　公益法人の名称，主務官庁，事業の種類等を収録している。検索ページは，トップページに表示されたメニューの「公益法人とは」のなかにある“公益法人等の検索”にある。

（5）図書館・情報機関

■世界の図書館百科　日外アソシエーツ　2006　9,845p.
■図書館年鑑　日本図書館協会　1982-　（年刊）
■日本の図書館：統計と名簿　日本図書館協会　1953-　（年刊）　FD 版，CD-ROM 版もある。
■専門情報機関総覧　専門図書館協議会　1969-　（3 年 1 回刊）　2018年刊行より，購入者限定特典としてウェブ版が利用できる。
■全国文学館ガイド　増補改訂版　小学館　2013　255p.
■図書館リンク集　日本図書館協会　https://www.jla.or.jp/link/tabid/95/Default.aspx
■ *World Guide to Libraries*　De Gruyter Saur　1989-　（年刊）

5．主な商用データベース

■G-Search データベースサービス　ジー・サーチ　https://db.g-search.or.jp/
ジー・サーチは，企業情報や人物情報をはじめ，さまざまなデータベースを提
供するデータベース提供機関である。これらのデータベースは，"@nifty" や
"So-net""BIGLOBE" などのインターネットプロバイダからも有料で検索で
きる。このサービスで利用できるデータベースは，次のウェブサイトで確認で
きるので参考にしてほしい。
   • 人物情報（7種）　https://db.g-search.or.jp/man/
   • 企業情報（28種）　https://db.g-search.or.jp/comp/
■日経テレコン　日本経済新聞社　http://telecom.nikkei.co.jp/　　日経テレコ
ンは，日本経済新聞社が作成・提供するデータに加え，他社が作成するデータ
ベースも提供しており，豊富な人物情報，企業情報のなかから求める情報が得
られる。主なものを列挙すると次のとおりである。

a．人物情報

■WhoPlus（日外アソシエーツ）
■日経 WHO'S WHO（日本経済新聞社）
■東京商工リサーチ経営者情報（東京商工リサーチ）
■ダイヤモンド役員・管理職情報（ダイヤモンド社）
■朝日新聞人物データベース（朝日新聞社）　　議員や官僚，上場企業の役員，
研究者，文化人やスポーツ選手など各界で活躍する人物の情報。
■読売人物データベース（読売新聞社）　　国会議員をはじめ，学術，文化，
芸能，スポーツ，外国人など18分野の人物情報。

b．企業情報

■日経会社プロフィル（日本経済新聞社）
■東京商工リサーチ企業情報（東京商工リサーチ）
■帝国データバンク企業情報（帝国データバンク）
■ケップルスタートアップ企業情報（ケップル）
■信用交換所企業情報（信用交換所）

12章 | 法令・判例・特許の探し方

1．法令・判例の特徴とそのアプローチ

　法令や判例に関する情報は，弁護士事務所や企業のサーチャーが仕事上で必要とする情報を検索するために，専門書や商用データベースを利用してきた経緯がある。しかし，国民の視点から司法の基本的制度を見直す目的で，1999年から司法制度が推進され，2001年11月に司法制度改革推進法が成立した。それ以来，多くの人々が法令などに関するコンテンツサービスを利用できる環境が整備されてきている。公的機関によるウェブサイト開設が急速に促進されて，情報公開の流通経路が，法令関係の出版業界を通らずに直接国民に提供される状況も生み出されている。現代社会においては，一般の人々が実生活において，身の回りで起きるさまざまな問題解決のために法令に関するインターネット情報資源を活用することも珍しくなくなってきている。

　また，司法制度改革の一つとして2004年5月28日に公布された「裁判員の参加する刑事裁判に関する法律」に基づいて，わが国でも2009年5月21日から裁判員制度が施行され，誰もが裁判員として裁判に関わることが義務付けられるようになった。したがって，従来，公共図書館のレファレンスサービスでは，法律相談には応じられないとされてきたが，法令や判例を調べたいというニーズに応えられるような体制作りが行われるようになってきている。

　なお，法律という用語は法全般を指す言葉として使用している場合もあるが，狭い意味としての法律は，国会での議決を経て制定された法規範を指し，憲法・条約・命令などとは区別される。命令は，国会の決議を経ないで，行政官庁が制定する法規範をいう。一方，法令とは，法律および命令の総称を指し，憲法，法律，政令，勅令，府令，省令，規則の総称として使用される。

　ここでは，憲法を初めとする法令についての全文を知りたいという要求や，

廃止された過去の法令を知りたい，その法令の成立の経緯を知りたいという情報ニーズに対するウェブの情報資源を中心に紹介する。また，裁判の過去の判例を知りたいという情報ニーズに応えるための情報資源も紹介する。

（1）法令を探す

■ e-Gov 法令検索　総務省　https://elaws.e-gov.go.jp/　　わが国における現在施行されている法令および当該法令に係る未施行法令の内容の全文を知りたい場合に利用できる。"e-Gov"のトップページにある"法令検索"をクリックすると，12 - 1図の検索画面が表示される。

12 - 1図　"e-Gov 法令検索"の検索画面

　検索画面では，簡易検索，詳細検索，50音検索が用意され，各府省が確認した法令データ，すなわち，憲法，法律，政令，勅令，府省令，規則について，法令名あるいは全文から検索できる。詳細検索では，さらに法令番号，公布日，50種類の分類による限定した検索ができる。このほか，このウェブページには，更新法令一覧，DB 登録法令数，新規制定未施行法令一覧，廃止法令一覧，略称法令名一覧へのリンクが用意され，それらの内容を見ることができる。また，国会提出法案，法令外国語訳データベース，日本法令索引へのリンクも用意されている。

【例題1】　図書館法第二条に書かれている内容を知りたい。

① "e-Gov" のウェブサイトにアクセスし，"法令検索" をクリックすると，検索画面が表示される（12 - 1図）。

②検索画面（12 - 1図）のクエリボックスに「図書館法」と入力し，「検索」ボタンを押す。

③検索一覧画面になり，法律4件，政令3件の計7件が表示される。この検索結果には，法令名の中の「図書館法」という語を含む国立国会図書館法や学校図書館法なども含まれる。

④図書館法の内容を見るには，青字の「図書館法」をクリックして条文を表示させると，左側のフレームには「目次」が表示される。右側のフレームには各条文が表示され，第二条の本文を見ることができる。なお，第一条の社会教育法は青字になっており，クリックすると社会教育法の画面に飛び，その内容を見ることができる。印刷物では別途社会教育法を見なければならないところであるが，ウェブ情報であるがゆえの便利な点である。

⑤左側のフレームには，「目次」のほか，「沿革」と「詳細」の内容が収録されている。「沿革」では，比較的最近の関連法令が示されているが，それ以前の沿革については "日本法令索引" へのリンクが設定されている。

■日本法令索引　国立国会図書館　https://hourei.ndl.go.jp/　　1886（明治19）年2月の公文式施行以降の法令，および帝国議会・国会に提出された法案の索引情報を検索・閲覧でき，本文情報へのリンクがある。また，帝国議会・国会に提出された法律案等および国会に提出された条約承認案件も収録している。法令・法案名中のキーワードから検索できるシンプル表示トップ画面のほか，法令名，法令・法案区分（現行法令，改正法令，廃止法令，法律案，条約承認案件），公布年月日，法令番号の各項目を指定できる詳細検索画面がある。法令・法案区分は，5項目をすべて一度に検索することもできる一方で，1項目だけあるいは2項目以上にチェックを付けることで，検索したい項目に限定して検索することもできる。詳細検索は，さらに「法令検索」と「法律案・条約承認案件検索」とに分けて詳細検索をすることができる。キーワード入力では，論理演算子（AND，OR）と（　　　）を使用した検索式を入力することもでき

12-2図　日本法令索引の詳細検索画面

る。日本法令索引の詳細検索画面は12-2図に示したとおりである。検索結果
一覧表示から見たい法令をクリックすると，内容と法令沿革（改正情報）が表
示され，法令本文へのリンク情報として，"e-Gov法令検索"，"国立公文書館
デジタルアーカイブ"，"衆議院制定法律"，"日本法令外国語訳データベースシ
ステム"，"国立国会図書館デジタルコレクション『官報』"などにリンクして
いる。一方，"e-Gov法令検索"で検索した法令には，"日本法令索引"へのリ
ンクボタンがある。

【例題2】　電気通信に関する現行法令と廃止法令を知りたい。また，審議経過
　　　　　を見ることができるものは，その内容も見たい。
①日本法令索引の詳細画面で，「法令名・件名」の項目に「電気通信」という
　検索語を入力し，「法令・法案区分」の「現行法令」と「廃止法令」のみに
　チェックを残して「検索」ボタンをクリックする（12-3図）。
②検索結果292件の一覧リストが表示される。
③「現行法令」だけに絞り込むには，結果件数と一覧表示リストの間にある左
　側のプルダウンリストから「現行法令」を選択し，右側のプルダウンリスト
　から「「法令の形式・法律案の種別：すべて」を選択して「絞込」ボタンを

12-3図　日本法令索引の詳細検索画面における検索語入力画面

クリックする。「現行法令」164件だけに絞り込むことができる。同様に，左側のプルダウンリストから「廃止法令」を選択し，右側はそのままで「絞込」ボタンをクリックすると，「廃止法令」129件だけに絞り込むことができる。なお，1件目の「公衆電気通信法」は「現行法令」であるが，基本的には「廃止法令」に入る。しかし，効力が一部有効のため，両方の結果に含まれる形で表示されている。

④「現行法令」の中から，さらに右側のプルダウンリストから「憲法・法律」を選択して「絞込」ボタンをクリックすると21件になる。例えば3件目の「3．有線通信電気法」をクリックすると，法律番号などの詳細情報が得られ，法令沿革23件，被改正法令0件，審議経過43件であることがわかる。審議経過の会議録内容をPDFあるいはテキスト表示で全文を読むことができる。

⑤この例では，法令本文へのリンクとして，総務省の"e-Gov法令検索"，"国立公文書館のデジタルアーカイブ"，衆議院の"制定法律"，法務省の"日本法令外国語訳データベースシステム"へのリンクが表示されるので，さらに詳細情報を得ることができる。

■日本法令索引［明治前期編］　国立国会図書館　https://dajokan.ndl.go.jp/

1867（慶応３）年10月の大政奉還から1886（明治19）年２月の公文式施行に至るまでに制定された法令の制定・改廃経過等を検索・閲覧できる。基本的には，1886（明治19）年末までを採録の範囲とし，法令の失効時期が判明したものについては，1887（明治20）年以降も採録している。詔勅，布告，布達，達，沙汰，議定，決議，申達，通達，通知，内訓，判決等，種別を問わず，その内容に法規性が認められるものを「法令」として採録している。法令の種別としては，布告，布達，達，その他（指令等）を統合あるいは個別に検索できる。検索画面は，前述した"日本法令索引"と同様である。出典となる資料が"国立国会図書館デジタルコレクション"や"国立公文書館デジタルアーカイブ"に収録されている場合は，法令本文参照リンクにより画像で本文を読むことができる。

■日本法令外国語訳データベースシステム　法務省　http://www.japaneselawtranslation.go.jp/?re=01　法令検索，辞書検索，文脈検索のいずれかの検索方法を選択し，特定の法令を検索できる。結果は，条文の英語を日英の対訳で表示してくれる。法令検索では，法令に含まれる用語（キーワード），法令名，法令番号，法令の分野，法令の翻訳担当機関から検索することができる。辞書検索では，見出し語や訳語に含まれるキーワードあるいは見出し語の五十音や訳語の ABC から，標準対訳辞書を検索することができる。文脈検索では，法令文中で用語（キーワード）やその訳語が用いられている文脈を検索することができる。しかし，法令翻訳は，正文ではなく，最終改正版でない法令も含まれている。法的効力を有するのは日本語の法令自体であり，翻訳はあくまでその理解を助けるための参考資料であることに注意が必要である。なお，「（暫定版）」と表示されている翻訳は，今後修正される場合がある。12‒4図は特許法の検索結果で，日英対訳を見ることができる。なお，"e-Gov"のトップ画面の「法令検索」をクリックすると，"e-Gov 法令検索"のウェブページの下方右側に"日本法令外国語訳データベースシステム"へのリンク表示がある。

■インターネット版官報　国立印刷局　https://kanpou.npb.go.jp/　『官報』は，法律，政令，条約等の交付をはじめとして，国の機関としての諸報告や資料を公表する「法令の公布紙」「国の情報紙」「国民の公告紙」としての使命を持っている。さらに，法令の規定に基づく各種の公告を掲載するなど，国が発行する機関紙として極めて重要な役割を果たしている。印刷物の『官報』は，発行

12-4図　日本法令外国語データベースシステムによる特許法の日英対訳

日の午前 8 時30分に，国立印刷局および東京都官報販売所に掲示されるが，これをもって正式な法令の公布とみなされている。

印刷物の『官報』は，1883（明治16）年 7 月 2 日に太政官文書局から創刊された。現在は内閣府の発行指示により休日を除いて毎日，国立印刷局が編集，印刷，インターネット配信している。電子版の官報は印刷物の『官報』の補完的役割を果たすもので 3 種類あり，それぞれ収録期間が異なり，無料と有料がある。

"インターネット版官報"は，国立印刷局が無料で提供するサービスで，2003（平成15）年 7 月15日以降の法律，政令等の官報情報と，2016（平成28）年 4 月 1 日以降の政府調達の官報情報を，PDF データで閲覧することができる。また，直近30日間分の官報情報（本紙，号外，政府調達等）は，すべて無料で閲覧できる。印刷物の『官報』と同じ内容を掲載している。

■官報情報検索サービス　国立印刷局　https://search.npb.go.jp/kanpou/
1947（昭和22）年 5 月 3 日の日本国憲法施行日以降から当日発行分（当日分は午前 8 時30分以降に公開）までの印刷物の『官報』の内容を有料で検索・閲覧できる。検索は，発行日による「日付検索」と，日付とキーワードも指定した

「日付検索＋記事検索」ができる。法律，政令，条約などについては，省庁名，号数を指定して表示することもできる。

■官報　国立国会図書館デジタルコレクション　国立国会図書館　https://dl.ndl.go.jp/search/searchResult?categoryTypeNo=1&categoryGroupCode=C&categoryCode=05&viewRestrictedList=0|2|3　　1883（明治16）年7月2日の創刊号から1952（昭和27）年4月30日までの国立国会図書館所蔵のマイクロ資料の『官報』をデジタル化したもので，書誌情報と画像情報を検索・閲覧できる。キーワードなどを入力する「簡易検索」と，各項目を指定できる「詳細検索」がある。収録されているすべてのデータが著作権存続期間満了になっており，国立国会図書館外からでも，印刷，ダウンロードができる。

■所管法令・告示・通達　総務省　https://www.e-gov.go.jp/laws-and-secure-life/law-in-force.html　　"e-Gov"の「行政サービス・施策に関する情報」の中の「法令・くらしの安心」の中の"所管法令・告示・通達"をクリックすると表示される。各行政機関が所管する法令，告示，通達等の情報を掲載するウェブページへのリンク集を提供している。

■国会提出法案　総務省　https://www.e-gov.go.jp/laws-and-secure-life/diet-submission-bill.html　　上記の"所管法令・告示・通達"のウェブページの左側のリンクをクリックすると各行政機関別にリンクの一覧が表示される。各行政機関等が提出した法律案等へ案内し，その内容を見ることができる。

■国会会議録検索システム　国立国会図書館　https://kokkai.ndl.go.jp/　1947（昭和22）年5月に開催された第1回国会以降の本会議，すべての委員会等の会議録を画像（PDF形式）で収録している。キーワードから検索できる「簡易検索」と，検索項目を指定して検索する「詳細検索」がある。キーワード検索では論理演算子（AND，OR）と括弧（　）を使用した検索式を入力することができる。また，トップ画面から，会議の開催日，院名・会議名，開催回次を選んで会議録を見ることもできる。データは会議開催後約3週間で検索できるようになる。なお，法律案・条約承認案件について，その審議経過を含む国会会議録に限定した検索を行うための"日本法令索引"へのリンクが用意されている。

■帝国議会会議録検索システム　国立国会図書館　https://teikokugikai-i.ndl.

go.jp/　　帝国議会全会期1890(明治23)年11月の第1回帝国議会から1947(昭和22)年3月第92回帝国会議の本会議，委員会等の速記録（主に国立国会図書館議会官庁資料室所蔵）を，画像（PDF 形式）で収録している。戦後期分［第88回帝国議会（1945(昭和20)年9月開会）以降］は全文テキストも収録している。検索方法や種類は"国会会議録検索システム"と同じであるが，法律案・条約承認案件の検索項目はない。なお，貴族院・衆議院の議事録（日時，出席者，議題，評決等の要点のみを記載した資料）の一部が国立国会図書館デジタルコレクションに収録されている。

■リサーチ・ナビ（政治・法律・行政）国立国会図書館 https://rnavi.ndl.go.jp/research_guide/cat11/　　国立国会図書館が作成する政治・法律・行政分野に関する情報資源の紹介，および主に議会官庁資料室で所蔵する国内外の議会資料，法令資料，官庁資料，国際機関資料の概要を紹介している。また，これらの情報がウェブ上で提供されている場合には，その URL も紹介し，資料のテキスト自体を見ることもできる。各項目をクリックしていくことで，印刷物やウェブ情報資源に，どのようなものがあるかを詳しく紹介している。法令資料のみならず，判例集，条約などの情報資源も知ることができる。

■インターネット六法　インターネット六法 https://インターネット六法.com/憲法，法律，省令，政令，規約，条約を無料で閲覧できる。収録法令データは，原則として，官報その他政府提供データを基にしている。また，条文を PDF形式で提供しているものもあり，ダウンロードもできる。法令名等の「五十音順」，「事項別」，「六法別」の三つの方法から検索できる。

（2）判例を探す

判例とは，各裁判所で下される判断（判決等）のうち，先例としての一般性を備え，他の事件への適用可能性があるようなものをいう。したがって，すべての判決等が判例となるわけではないため，有名な事件であってもその判決等が判例になるとは限らないことに注意する必要がある。

■裁判例検索　最高裁判所 https://www.courts.go.jp/app/hanrei_jp/search1裁判所のトップページのタブメニューから「裁判例情報」をクリックし，「検索結果一覧表示画面」をクリックすると「裁判所検索」の検索画面が表示され

る。あるいは裁判所のトップページを下までスクロールして「裁判例情報」を
クリックすると，同じ「裁判所検索」の検索画面が表示される。検索条件指定
画面から，統合検索，最高裁判所判例集，高等裁判所判例集，下級裁判所裁判
例速報，行政事件裁判例集，労働事件裁判例集，知的財産裁判例集が検索でき
る。いずれも，論理積（AND検索）と論理和（OR検索）ができる全文検索
の他，裁判年月日，事件番号，事件名，裁判所名，等を入力して条件を絞り込
む検索ができる。12‐7図は高等裁判所判例集の検索画面である。

　また，裁判例情報のメニューの中に，最近の最高裁判例，最近の下級裁判例，
最近の知財裁判例があり，それぞれ最新の裁判例を5件から10件程度表示する
ことができる。裁判年月日降順と裁判所建制順のいずれかの表示方法が選択で

12‐7図　裁判例検索の高等裁判所判例集の検索画面

きる。

　なお，すべての判例等がこの判例検索システムに掲載されているわけではないということに注意する必要がある。検索結果一覧から該当の判例をクリックすると，裁判例結果詳細画面が表示され，事件番号や事件名，裁判要旨，等を見ることができ，全文を読みたい場合は，全文の項のPDFをクリックする。

■消費者問題の判例集　国民生活センター　http://www.kokusen.go.jp/hanrei/　判例集などから収集した消費者判例のうち，注目され，かつ消費生活や消費者問題に関して参考になるものを，国民生活センター消費者判例情報評価委員会による解説等をつけて紹介している。毎月，新しいものを追加している。内容は，「暮らしの判例バックナンバー」と「相談事例・判例ページへ」へリンクしており，一覧リストから内容をPDF版で読むことができる。検索機能はない。

■雇用関係紛争判例集　労働政策研究・研修機構　https://www.jil.go.jp/hanrei/　労働政策研究・研修機構編『[改訂版] 職場のトラブル解決の手引き〜雇用関係紛争判例集〜』の内容をデータベース化したもので，"Google"のカスタム検索によるキーワード検索ができる。完全一致検索，トランケーション，論理積（AND検索），論理和（OR検索），論理差（NOT検索），ファイル形式の指定もできる。検索結果一覧表示から，読みたい判例を指定すると，「ポイント」「モデル裁判例」「解説」からなる内容が表示される。

■労働基準関係判例検索　全国労働基準関係団体連合会　https://www.zenkiren.com/jinji/top.html　1948(昭和23)年以降の労働基準法等に関連する裁判例を，各種判例集等を基に，抄録に加工したデータベースである。「体系項目別で検索」と「ID番号で検索」から，順次一覧リストから該当の項目を選択する形式で判例を検索できる。判例理由の抄録も見ることができる。

（3）条約・条例を探す

　条約とは，国家間で結ばれる国際的な取り決め（国際法）のことであり，条例とは，地方公共団体がその管理する事務に関して法令の範囲内で議会の議決によって制定する法をいう。前述した"e-Gov法令検索"はたいへん便利ではあるが，条約や条例を検索することができない。また，国の機関およびそれに

準じる機関で，条約を網羅的に検索できるウェブサイトは存在しない。

■日本法令索引　国立国会図書館　https://hourei.ndl.go.jp/　　既述したように，詳細検索では，現行法令，改正法令，廃止法令，法律案，条約承認案件を統合あるいは個別に検索できる。条約承認案件に限定して検索すると，一覧表示され，条約承認案件名等の一覧が表示される。案件名をクリックすると，条約番号，公布年月日等の表示と，「法令沿革」「被改正法令」「審議経過」の件数が表示される。「審議経過」があるものは，国会会議録検索システムに連動してその会議録を見ることができる。また，"国立公文書館デジタルアーカイブ"や外務省の"条約データ検索"への本文リンクが表示されるので，現行の国会承認条約をPDFファイルで閲覧できる。

　法務省・帝国議会・国会に提出された法案（帝国議会・国会に提出された法律案等及び国会に提出された条約承認案件）について，件名，提出回次，提出番号，提出者，審議経過等を収録している。

■条約データ検索　外務省　https://www3.mofa.go.jp/mofaj/gaiko/treaty/　　外務省が作成するデータベースで，『官報』および外務省が暦年発行している条約集をもとに，現行の国会承認条約等を収録している。「条約名検索」「事項別分類」「地域・国名別検索」の３種類の検索機能がある。検索結果の一覧から選択することにより，条約および関連資料の全文をPDFファイルで見ることができる。

（4）法令・判例の主なレファレンスブック

a．法律

■現代法律百科大辞典　ぎょうせい　2000　8冊　　付属資料としてCD-ROMがある。

■国民法律百科大辞典　1984　ぎょうせい　8冊　　付属資料としてCD-ROMがある。

■現代家庭法律大事典　第2版　第一法規出版　1980　736, 65p.

■教育法規大辞典　エムティ出版　1994　43, 1031p.

■実用法律用語事典：紛争解決に・ビジネスに必ず役立つ　自由国民社　2009　10, 21, 455p.

■有斐閣法律用語辞典　第4版　有斐閣　2012　19, 1188p.

■法律類語難語辞典　新版　有斐閣　1998　286, 17p.　　法律用語の類語，難語を解説した辞典。類語の部は五十音順に1,600語，難語の部は総画数順に900語を収録。索引付き。

b．法令

■法令解釈事典　ぎょうせい　1986　2冊

■法令用語辞典　第10次改訂版　学陽書房　2016　832p.　　歴代内閣法制局長官の編になる唯一の法律辞典。7年ぶりの大幅改訂版。その間に制定，改正された重要用語を網羅。収録用語2,595語，新語53語を収録。

c．法令集

■六法全書　昭和23年版 -　有斐閣　1948-　（年刊）　　購入者限定の電子版無料閲覧サービスを平成24年版から利用できる。これにより，昭和32年版以降の六法全書が閲覧可能になっている。

■六法全書電子復刻版DVD　有斐閣　2008　追補2013　検索用CD-ROM1枚DVD-ROM8枚　　昭和32(1957)年版から平成23(2011)年版の55年分の『六法全書』を収録している。

d．判例

■岩波判例基本六法　岩波書店　1991-　（年刊）

■岩波判例セレクト六法　岩波書店　2010-　（年刊）

e．憲法

■新解説世界憲法集　第4版　三省堂　2017　11, 448p.　　解説つき世界憲法集。

■世界憲法集　新版第二版（岩波文庫）　岩波書店　2012　609, 9p.

■各国憲法集（基本情報シリーズ）　国立国会図書館調査及び立法考査局2012-　　諸外国の憲法を最新の条文から可能な限り原語に基づき翻訳し，調査及び立法考査局の刊行物『調査資料』として逐次刊行している。国立国会図書館の『調査資料』のウェブページ（https://www.ndl.go.jp/jp/diet/publication/document/）および国立国会図書館デジタルコレクションからPDF版が利用できる。2021年1月現在，スウェーデン，アイルランド，オーストリア，カナダ，ギリシャ，スイス，オランダ，ポルトガル，フィンランド，ハンガリ

ーの10か国の憲法が刊行されている。

■日本憲法年表：各国対照 近代国家化の軌跡　新有堂　1980　318p.

ｆ．国際法

■国際関係法辞典　第2版　三省堂　2005　905，43p.　　国際法一般，国際私法，国際組織法，EU法，国際経済法，国際取引法，国際政治・外交史の7分野から1,685項目を収録した国際関係法辞典である。

ｇ．条約

■条約便覧：二国間条約　日本図書センター　1997　656p.

■条約集：二国間条約　外務省国際法局（2003年以前は条約局）　1965-

■条約集：多数国間条約　外務省国際法局（2003年以前は条約局）　1965-

■国際条約集　有斐閣　1950-　（年刊）

■ベーシック条約集　東信堂　1997年版-　1997-　　日本国憲法全文収録をはじめ，有事関連法規等，関連国内法も多数収録している。

（5）法令・判例の主な商用データベース

　法令や判例に関する文献を収録する商用データベースには，以下のサービスがある。なお，カッコ内はデータベース作成・提供機関名である。

ａ．日本

■TKC ローライブラリー　（TKC）

■D1-Law.com　第一法規法情報総合データベース（第一法規）

■判例秘書 INTERNET（LIC）

■法律文献総合 INDEX（日本評論社・TKC 提供）

■Lexis Nexis ASONE（レクシスネクシス・ジャパン）

■Vpass 重要判例検索サービス（有斐閣）

■Westlaw Japan（ウエストロー・ジャパン）

ｂ．外国

■WestlawNext（Thomson Reuters，ウェストロー・ジャパン）

■Lexis Advance（レクシスネクシス・ジャパン）

■HeinOnline（William S. Hein & Co, Inc）

■Index to Legal Periodicals & Books（EBSCO）

■ Index to Foreign Legal Periodicals（米国法律図書館協会）

2．特許の特徴とそのアプローチ

　わが国の特許庁は世界に先駆けて1990年12月から特許のオンライン出願を開始して電子化を促進し，その後 "特許庁電子図書館（Industrial Property Digital Library：IPDL)" というウェブサイトを公開した。現在は工業所有権情報・研修館（National Center for Industrial Property Information and Training：INPIT）が "特許情報プラットフォーム（J-PlatPat)" のウェブサイトを管理運営し，特許権，実用新案権，意匠権，商標権の4種類の産業財産権（以前は工業所有権といっていた）に関する情報提供を無料で行っている。

　産業財産権は著作権と同様に，知的財産権（以前は知的所有権といっていた）に含まれる権利である。知的財産権は，いずれの権利もその権利を持つ者に一定期間，排他的独占権を与えるものである。したがって，新たに産業財産権を取得しようと考える場合は，同じような特許が出願されていないかどうかなどの先行調査が必要となる。また，日本では出願された特許明細書は約1年半後に，"公開特許公報" としてすべて公開される。また，審査して特許として認められたものは，"特許公報" に収録されてすべて公開される。日本は先に出願した者に権利を与える先願主義をとっている。

　特許をはじめとする知的財産権は，各国独立であり，たとえば日本で特許権を取得できたからといって，アメリカでも特許権が得られるわけではない。アメリカでも特許を得るためには，米国特許商標庁に出願して特許権を得なければならない。このような各国で取得された同一内容の特許を対応特許（patent family）という。したがって，新たな特許を取得するためには，いろいろな国の特許出願状況あるいは特許取得状況も調査しなければならない。

　特許情報については，企業の知的財産部の担当者が専門的な知識に基づいて検索する場合が多い。しかし，テレビショッピングやインターネットショッピングでも特許出願中や特許取得などの表示はよく見かけることであり，その真偽を確認したりすることは，"特許情報プラットフォーム（J-PlatPat)" から誰でも容易にできる。

（1）日本の特許を探す

　わが国の特許情報の検索は，上述したように“特許情報プラットフォーム（J-PlatPat）”を使用することが最初に選択できる方法であろう。ここでは，知的財産に関わる専門家としてではなく，図書館員や一般の人々が“特許情報プラットフォーム（J-PlatPat）”を使用して無料でできる特許の調べ方について紹介する。

a.　特許情報プラットフォーム（J-PlatPat）

■特許情報プラットフォーム（J-PlatPat）　工業所有権情報・研修館　https://www.j-platpat.inpit.go.jp/　　特許庁が保有する明治以降の産業財産権に関する情報などを無料で提供するウェブサイトである。特許，実用新案，意匠，商標，審決の公報，外国特許公報，非特許文献，審査経過情報など，知財戦略に必要となる基本的な情報の検索・表示機能を，初心者から専門家向けまで広くサポートしている。データ蓄積範囲は公報種別により異なるが，ヘルプ一覧で確認できる。

　この他，画像を含む意匠を検索するための“画像意匠公報検索支援ツールGraphic Image Park”，新興国を中心とした外国の特許情報が閲覧できる“外国特許情報サービス FOPISER”，開放特許情報を検索できる“開放特許情報データベース”へのリンクが用意されている。開放特許とは，特許権利者が自社で実施できないため，他者に実施してもらった方が良いと考え，権利を保持したまま，その情報を一般に開放している特許のことをいう。

　特許第1号は1885(明治18)年に交付されているが，特許明細書（特許請求の範囲に書かれた発明を詳しく説明する文書）を見たい場合，1992(平成4)年以前に出願された“公開特許公報”ならびに1995(平成7)年以前の“特許公報”を検索するには，初めに特許番号を調べる必要がある。したがって，明治・大正・昭和時代の検索にはキーワードが使用できない。

【例題3】　豊田佐吉が発明した木製人力織機に関する特許明細書を見たい。特に織機の図面が見たい。この特許は，明治24年に特許第1195号として登録されている。

①"特許情報プラットフォーム（J-PlatPat）"のトップページのブルーの帯に書かれている「特許・実用新案」のドロップダウンリストから「特許・実用新案番号照会／OPD」を選択する。

②「検索対象」が「文献」，入力種別が「番号入力」になっていることを確認し，「発行国・地域／発行機関」は「日本（JP）」，番号種別は「特許番号（B）・特許発明明細書番号（C）」を選択して，「番号」の項目に「1195」と半角で入力し，照会ボタンをクリックする（12‐8図）。

③検索結果一覧として，登録番号のところに「特明1195」が表示される。

④「特明1195」をクリックすると，豊田佐吉が出願した特許第1195号の明細書がPDFで表示される。

⑤全部で4頁あり，織機の図面は4頁目に載っているので，その頁を表示させると図面を見ることができる（12‐9図）。

12‐8図　"J-PlatPat"の特許番号入力画面

【例題4】　中村修二氏が発明した青色発光ダイオードの出願年月日とその概略を知りたい。

①"特許情報プラットフォーム（J-PlatPat）"のトップページのブルーの帯に書かれている「特許・実用新案」のドロップダウンリストから「特許・実用新案検索」を選択する。

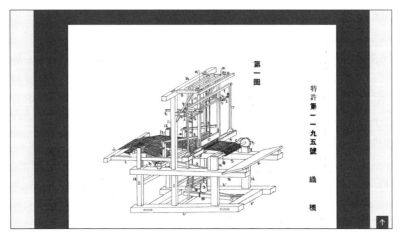

12-9図　豊田佐吉が発明した木製人力織機の図面表示画面

12-10図　"J-PlatPat"の特許・実用新案検索の検索語入力画面

12-11図　"J-PlatPat"の検索結果一覧表示画面

②検索キーワードの「検索項目」のプルダウンメニューから「発明者／考案者／著者」を選択して、「キーワード」に「中村修二」を入力する。次に、「検索項目」のプルダウンメニューから「発明・考案の名称／タイトル」を選択し、「キーワード」に「青色発光ダイオード」を入力して、検索ボタンをクリックする（12-10図）。

③検索結果一覧表示画面になり、国内文献4件の一覧が表示される（12-11図）。

④青色発光ダイオードで最も古い出願日は3番目で、文献番号「特許開平05-063236」をクリックすると文献が表示され、【発明者】の一人に中村修二を確認することができる。入力した検索語が黄色と緑色にハイライトされている。

b.　その他の日本の特許情報ウェブサイト

■経済産業省特許庁　特許庁　https://www.jpo.go.jp/　　特許をはじめとする産業財産権に関するさまざまな情報が得られる。"特許情報プラットフォーム（J-PlatPat）"へのリンクが設定されている。

■J-STORE　科学技術振興機構　https://jstore.jst.go.jp/　　大学・国公立試験

研究機関等から収集した特許情報および科学技術振興機構（JST）の基礎的研究等の特許情報等を広く一般に提供する無料のデータベースである。研究成果を企業へ技術移転し，実用化を促進することを目指している。出願から1年半未満の国内の未公開特許も含んでいる。また技術分野ごとに特許を分類した「特許マップ（パテントマップ）」を作成，提供している。

■日本商標協会　日本商標協会　https://www.jta.tokyo/　　商標・サービス・営業活動に使用される商標・標章・商号等の保護を図り，これら知的財産制度の充実・改善・確立のため，総合的な調査・研究・提言を行っている。

（2）外国の特許を探す

　特許制度は国により異なるため，各国の特許庁，特許商標庁，意匠庁などに直接アクセスする必要がある。従来は日本，米国，欧州の特許庁への出願が世界の特許の約80％を占めていたが，近年中国の出願数が非常に増え，これに韓国を加えて，世界の出願件数の大半を占める大規模庁を五大庁と呼んでいる。したがって，特許調査においては，外国特許の調査を欠かすことができない。

　特許庁には，「諸外国の特許庁のホームページ」というウェブページがあり，諸外国へのリンクを提供している。

■PATENTSCOPE　世界知的所有権機関（WIPO）　https://www.wipo.int/patentscope/en/［日本語検索サイト：https://patentscope2.wipo.int/search/ja/search.jsf］　特許協力条約（Patent Cooperation Treaty：PCT）に基づいて国際出願された国際公開パンフレットや日本の"特許公報"を含むWIPOが入手した特許文献を無料で検索することができる。日本語，英語，その他の言語での検索ができる。

■Espacenet　ヨーロッパ特許庁（European Patent Office：EPO）　https://worldwide.espacenet.com/　　EPOと世界100か国以上の特許機関が発行した特許公報を無料で検索できる。英語，ドイツ語，フランス語の公報は，特許明細書全文を対象に一括あるいは言語ごとに検索できる。

（3）主な商用データベース

　特許情報をはじめとする産業財産権の情報検索は，近年，日本，アメリカ，

ヨーロッパの各特許庁や特許商標庁が無料で情報提供するようになってきているが，いろいろな角度から精密を要する漏れのない検索を行いたい場合は，商用データベースを使用して検索する必要がある。なお，カッコ内はデータベース作成・提供機関名である。

■HYPAT-i2（発明通信社）

■JP-NET，JP-NET Web（日本パテントデータサービス）

■Cyber Patent Desk（サイバーパテント）

■PatentSQUARE（パナソニックソリューションテクノロジー）

■SRPARTNER（日立システムズ）

■Derwent World Patents Index（DWPI）（Clarivate）

■Derwent Patents Citation Index（DPIC）（Clarivate）

■INPADOC（ヨーロッパ特許庁）

■IFI Comprehensive Database（IFIALL）（IFI CLAIMS Patent Service）

■MARPAT（Chemical Abstracts Service）

13章 | Ⅱ部に関する演習問題

　本章では，Ⅱ部3章〜12章のテーマに関する質問のタイプ別に，演習問題を
まとめて掲載する。

（1）情報資源に関する問題

1．日本のホテルを網羅的に検索できるサイトにはどのようなものがあるか知りたい。
2．路線検索ができるウェブサイトにはどのようなものがあるか知りたい。
3．本の値段を調べることのできるツールを知りたい。
4．教育分野のレファレンスツールにはどのようなものがあるか知りたい。
5．夏目漱石が書いた作品についての論文を知りたい。
6．犯罪についての白書にはどのようなものがあるかわかるツールを知りたい。
7．観光情報を調べることのできるツールにはどのようなものがあるか知りたい。
8．英英辞典でCD-ROMやDVD-ROMなどの光ディスク媒体で購入できるものを知
　　りたい。
9．ウェブ情報資源を調べるにはどのようなツールがあるか知りたい。
10．多巻ものの国語辞典にはどのようなものがあるか知りたい。

（2）ウェブページ，ウェブサイトに関する問題

1．5年前の福山市の公式ウェブサイトを見たい。
2．最近一週間以内に更新された図書館に関するウェブページが欲しい。
3．滝の画像をダウンロードしたい。
4．地震についてウェブ上の情報でPDFファイル形式のものが欲しい。
5．キノコの山の公式ウェブサイトが見たい。
6．神社のイベント情報が載っているウェブページを知りたい。
7．最寄りの福祉協議会の公式ウェブサイトが知りたい。
8．著作権についてのウェブページで政府関係機関が公開しているものが欲しい。
9．幼稚園と保育園両方について記述しているウェブページを知りたい。
10．最近流行しているインフルエンザについての情報が載っているウェブページを知り

たい。

11. 時差ぼけの対策について説明しているウェブページを知りたい。

12. インターネットが使えて合宿のできるホテルの情報を集めたウェブサイトがあれば知りたい。

13. 最新の携帯電話についての情報が載っているウェブページを知りたい。

14. 現在の東京都知事についての評判が載っているウェブページがいくつか欲しい。

15. 図書館情報大学のウェブサイトが見たい。

16. 三国志について論述しているウェブサイトを知りたい。

17. 放射線の影響についてさまざま意見をウェブ上の情報源から収集したい。

18. なまずというサーチエンジンの使い方についての情報をウェブから得たい。

19. 「加美町」にある温泉のある旅館についてのウェブページが見たい。

20. レポートの書き方について説明しているウェブページで，大学生向けのものが欲しい。

21. 複数のプリンタを比較し，参照可能なウェブサイトを探して欲しい。

22. ワーキングプアについて論じているウェブページより，さまざまな意見を知りたい。

23. お酢を使って髪を洗う方法について解説した複数のウェブページを見たい。

24. 荒川の現在の水位を閲覧可能なウェブページがあれば知りたい。

25. 居住地のゴミカレンダーがウェブにあるかどうか知りたい。

26. 今年のカレンダーで月曜始まりの PDF をウェブからダウンロードしたい。

27. 大根とニンジンを使った料理のレシピで複数のウェブページが欲しい。

28. 国立国会図書館関西館への行き方が，わかりやすく提示されているウェブページを知りたい。

29. 焦げ付きをつけおき洗いできれいにする方法について解説されたウェブページがあれば欲しい。

30. 石鹸の欠点と利点について，わかりやすく解説されたウェブサイトを知りたい。

（3）図書情報に関する問題

1. 江國香織と辻仁成の共著で書かれた図書をすべて知りたい。また，それらの内容と目次も知りたい。

2. ナイチンゲールが書いた，あるいは彼女について書かれた図書を知りたい。

3. ジャズのスタンダードな曲について解説した CD 付きの図書を読んでみたい。できれば，どんな内容かを知りたい。

4. まぼろしの百科事典といわれ江戸期に幕府によって翻訳された『厚生新編』を読みたい。どうすればよいか。

5．ガーデニングに関する本を3冊推薦してほしい。その要旨または目次と，出版者，発行年，価格を知りたい。

6．若草物語の異なる翻訳者の本を3冊知りたい。

7．関東地方の自治体から出されている食品の添加物の安全性に関する図書を知りたい。また，所蔵図書館も知りたい。

8．三島由紀夫の全著作を一覧したい。

9．伊藤清蔵『農業経営学』（大正年間の発行らしい）は，どこの図書館で読めるか。

10．新聞に連載されたという『少將滋幹の母』について，作者，新聞紙名，期間，回数，さし絵画家を知りたい。

11．江戸時代の『町々役料高書上』の書名の読みと書誌情報，江戸時代の刊行年，所蔵館を知りたい。

12．宮澤賢治『オッペルと象』はどの文学全集の何巻に収録されているか。また，収録されている全集を全部知りたい。

13．エウスビオス著，鎌田研一訳『信仰史』を読みたい。その書誌情報と目次を知りたい。所蔵館も知りたい。もし購入できるならその書店も知りたい。

14．1951年以降の日本のベストセラー1位になった図書を知りたい。また，どこの出版社のものが一番多いかも知りたい。

15．2017年あるいは2016年の日本における図書・雑誌の発行タイトル数，発行部数，販売額をそれぞれ知りたい。また，10年前，20年前と比較したい。

16．『春風馬堤曲』とは，誰によって書かれたか。また，どのような作品か内容を知りたい。今すぐ借りられる図書館を知りたい。

17．怪盗ルパンの登場する物語（漫画ではない）は，いつ，誰によって書かれたか。日本語訳ではどんなものがあるか。

18．大曲駒村著『東京灰燼記』の最初の出版社，出版年と，現在の出版社，出版年を知りたい。また，最初の出版社から出た本の目次も知りたい。その本を読みたい。

19．地方に伝わる伝統的なおもちゃを紹介した図書を買いたい。買う前に本の内容も知りたい。

20．『実業教育五十年史』と『実業教育八十年史』とは，どちらも刊行されているのか。どこへ行けば見ることができるか。

21．生活時間に関する調査報告書にはどんなものがあるか。もし，何回も出ているのなら全部知りたい。

22．有吉佐和子『華岡青洲の妻』は，最初，どこに，いつ発表された作品か。いつ，どのような賞を受けたか。そのあらすじも知りたい。

23．Thomas Malory が書いた『アーサー王の物語』とはどんなものか。日本語訳の書

名なども知りたい。

24．1960年代に出版された卒業論文に関する図書の目次あるいは内容を知りたい。また，どこの図書館で借りることができるか。

25．『義経記』の作者，成立年，概要などを知りたい。別書名はあるか。写本はどこで所蔵しているか。

26．ゴッホが家族や友人に宛てた手紙を集めた本を読みたい。書名，出版社などを知りたい。

27．『旅人』という本の著者，出版社，出版年などを知りたい。同名の本があれば全部知りたい。

28．北原白秋が翻訳したマザーグースを読みたい。どこで読めるか。

29．『Le Petit Prince』の原作者はだれか。世界の何カ国語に翻訳されているか。また，日本での訳者とタイトルを知りたい。また，印刷物以外の刊行物もあれば知りたい。

30．『魔女の宅急便』はどの国で翻訳されているか。翻訳書のタイトル，出版年，出版国を知りたい。

（4）雑誌および雑誌記事に関する問題

1．田中耕一が書いたノーベル賞に関する記事を知りたい。

2．統制語を用いた情報検索に関する1980年代に発表された日本語と英語の論文を読みたい。

3．松本清張のフィクションとノンフィクションについて扱った論文を知りたい。

4．医師の吉田茂が書いた論文が掲載された雑誌にはどのようなものがあるか。雑誌の発行団体名も知りたい。

5．ロンドンと鴎外についての雑誌論文を知りたい。

6．藤沢修平と池波正太郎の二人について書かれた雑誌記事を読みたい。

7．『伊勢物語』と『蜻蛉日記』に関する論文を読みたい。

8．『旅の手帖』とはどのような雑誌か。出版社，発行頻度，価格，発行部数と年間購読料も知りたい。

9．細野公男の論文を引用している文献を知りたい。

10．美空ひばりが映画についてどのように考えていたか雑誌記事で読みたい。

11．明治時代のリゾート開発に関する日本語あるいは英語で書かれた論文を読みたい。

12．『うえの』という雑誌はあるか，また出版社はどこか。所蔵している図書館も知りたい。

13．長谷川幸代が書いた公共図書館に関する論文を入手したい。

14．堀辰雄の王朝文学について，特集を組んだ雑誌名とその巻号，年月を知りたい。

15．雑誌『山と渓谷』の総目次または総索引を利用したい。何を見たらよいか。

16．志賀直哉の『東宮御所の山菜』という作品が『婦人公論』9月号に発表されたとい
　　うが，それは何年のことか。また，作品を読みたい。

17．雑誌 JCS の正式名称と創刊号の所蔵図書館を知りたい。

18．雑誌 IEEE Trans. Dielectr. Electr. Insul. の出版社，刊行頻度，価格を知りたい。

19．宅配便について，サービスが始まったころの雑誌記事をいくつか読みたい。

20．シェイクスピア時代の英語に関する雑誌論文を知りたい。

21．新聞や週刊誌の報道と倫理についての雑誌論文を知りたい。

22．インターネットバンキングの危険性に関する雑誌論文を読みたい。

23．関東地方におけるゴミ問題についての雑誌論文を読みたい。

24．人口分布のドーナッツ現象についての雑誌論文を知りたい。

25．北浦古墳のカビ問題に関する雑誌論文を知りたい。

26．オープンアクセスに関して最初に書かれた日本語の論文を探したい。

27．大学における電子書籍の導入についての論文を読みたい。

28．図書館におけるマイクロフィルムの劣化や保存についての雑誌論文を読みたい。

29．高齢者の在宅介護について扱った雑誌論文を知りたい。

30．機械が握るお寿司に関する論文を読みたい。

（5）新聞記事に関する問題

1．学校図書館司書の配置に関する1980年代の新聞記事を知りたい。

2．2002年に開催された日韓ワールドカップサッカーの経済効果についての新聞記事を
　　知りたい。

3．昭和10年頃までのきのこ中毒についての新聞記事を読みたい。

4．iPhone を利用した大学教育についての新聞記事を知りたい。

5．初回から10回までの札幌雪まつりの新聞記事を読みたい。

6．ノンアルコールビールの販売量に関する新聞記事を読みたい。また，最初にノンア
　　ルコールビールが発売された際の新聞記事があれば，それも読みたい。

7．クーラーの販売状況に関する新聞記事を読みたい。また，例年に比べて，どんな特
　　色があるのか知りたい。

8．1970年代と最近の軽自動車の販売状況に関する新聞記事を読み比べたい。

9．大学病院の医療過誤に関する1980年代と2000年代の新聞記事を読み比べたい。

10．昭和48（1973）年にノーベル物理学賞を受賞した日本人に関する新聞記事で，受賞近

辺の新聞記事を読みたい。

11.　徳川慶喜が亡くなったのはいつか。その内容に関する新聞記事を読みたい。

12.　『東京日日新聞』と『都新聞』は，どのような新聞か。歴史的背景と特徴も知りたい。また，利用したいので所蔵館も知りたい。

13.　東京ディズニーランドの開園時の様子を扱った新聞記事を読みたい。また，東京ディズニーシーについてはどうか。

14.　リニアモーターカーの開発について各新聞社が最初に発表した新聞記事を読みたい。

15.　バブル期と超氷河期の大学生の就職率に関する東京以外の新聞記事を読み比べたい。

16.　出版不況とゲームの関係について書かれた新聞記事を読みたい。

17.　国内で最初に登録された世界遺産について書かれた新聞記事を読みたい。その登録された内容について知りたい。

18.　大学におけるコピペ問題について扱った新聞記事を読みたい。

19.　環境に優しい車に関する最近1年の新聞記事を読みたい。

20.　酪農の業界紙にはどのようなものがあるか。

21.　『北國新聞』の発行頻度，価格，発行部数を知りたい。どこの図書館で読めるか。

22.　『週刊もしもししんぶん』の所蔵館を知りたい。

23.　格安航空会社の国内での就航について扱った新聞記事を読みたい。

24.　自然エネルギーを利用した発電に関する新聞記事を知りたい。

25.　今年の元旦の各新聞社の社説を読みたい。

26.　村山由佳が『星々の舟』で直木賞を受賞した直後の会見で，父親の戦争体験が作品の背景にあると語ったというが，その新聞記事を読みたい。

27.　国内にはどのような大学新聞があるか知りたい。そのうち，もっとも発行部数の多いものはなにか。

28.　多くの漫画家が住んでいたという「トキワ荘」について扱った新聞記事を読みたい。

29.　東京以外の歩行者天国について扱った新聞記事を読みたい。

30.　電車内のマナーに関する東京本社以外から発行された新聞記事を読みたい。

（6）言葉・事柄・統計に関する問題

1．英語で「綿」をcottonというが，その語源を知りたい。

2．ドロップ（食べ物）は日本語か外来語か，いつ頃から使われているか。

3．"Ask, and it will be given you" の出典を知りたい。

4．スマホとはどのような意味か。日本で日常的に使われるようになったのはいつ頃からか。

5．ギヤマンとは何か。その語源は何か。

6．次の方言の意味と，使われる地方を知りたい。

　(1)けっぱる　(2)おっぺす　(3)べこ　(4)しっちゃかめっちゃか　(5)すがま

7．「果報は寝て待て」とはどのような意味か。同じ意味の諺はあるか。また「果報は練って待て」という言い方もあるか。意味はどのように違うか。

8．数式などによく使われている δ，π，Σ，$\sqrt{}$，の読み方と意味を知りたい。

9．次の語の読み方と意味が知りたい。

　(1)石榴　(2)塩梅　(3)生憎　(4)白馬　(5)紙魚　(6)満点星

10．六道，七福神，八天狗，九品，十王とはどのようなものか。

11．鎧兜，はさみ，手袋，琴，樽，数珠，古墳を数えるときの単位は何か。

12．たつたがわが詠み込まれた和歌を知りたい。作者と収められている歌集，解釈も知りたい。

13．詞林とは何か。いくつか意味があるなら全部知りたい。

14．卯の花（料理）の語源を知りたい。なぜ卯の花と呼ぶようになったのだろうか。

15．地球温暖化防止について詳しく知りたい。国際間で条約があるのか。

16．橘とはどのようなものか。植物だとしたら，木や花の様子も知りたい。

17．過去10年間くらいの世界の大地震の起きた地域，年月日，被害の様子などを知りたい。

18．懐石料理の意味，内容，について知りたい。いつ頃から作られるようになったか，会席料理とは違うのか，についても知りたい。

19．入母屋造について図示して解説してある資料，その代表例を知りたい。

20．青いけしの花の学名と，原産地が知りたい。

21．畑のキャビアとは，どのようなものか知りたい。

22．鎌倉時代から江戸時代の服装でかるさんとはどのようなものか。

23．蝙蝠傘，蛇の目傘，番傘とは，どのような傘か。

24．二万五千日とは何か。同じような言い方はほかにあるか。

25．ジプシーという民族はいるのか。その由来や，現在どこにどのくらいいるのか知りたい。

26．姉妹都市とは何か。いつ頃から行われるようになったか。札幌市，横浜市，那覇市は，それぞれどこと姉妹都市となっているか。

27．1980年，1990年，2000年，2010年における日本を訪れる外国人の数について，最も多い国ベスト3の国名と人数を知りたい。

28．日本では1世帯あたり，食パン，砂糖，ワイン，トマトを，それぞれどのくらい購入しているか，1983年，1993年，2003年，2013年における年間購入金額の推移も知りたい。

29. 1940年，1960年，1980年，2000年，2010年の医師，歯科医師，薬剤師の数を知りたい。
30. 1972年，1982年，1992年，2002年，2012年における乗用車，綿織物，テレビ受像機の輸出量とその金額を知りたい。

（7）歴史・日時に関する問題

1. ピアノ，ハープシコード，チェンバロの違いと歴史を知りたい。
2. 大坂夏の陣，冬の陣とはいつ頃の，どのようなことか。
3. スポーツのボーリングが日本に伝来したのはいつごろ，どこに最初伝来したか。また，その当時使っていたボールはどのようなものだったか知りたい。
4. IFLA（図書館関係らしい）東京大会とは，いつ行われ，どのような内容のイベントだったのか。
5. 40年くらい前（？）に発掘された修羅とはどのようなものか知りたい。
6. 聖武天皇の時代の都はどこであったか。それは現在のどこにあたるか。
7. ライプチヒ大学が創立されたのはいつか。その歴史も知りたい。
8. 大津皇子が関係した事件とは，いつ頃のどのような事件だったのか。
9. 運動会などで行われる綱引きがオリンピックの種目であったというが本当か。もし本当であれば，いつ頃のことか。
10. ナイチンゲールが戦地で負傷兵の看護をしたというが，それはいつ頃で何という戦争だったか。
11. 十字軍はいつどこへ遠征したのか。その戦争はどことどこの戦いか。何年ぐらい続いたのか。
12. 堀部安兵衛の高田の馬場の決闘とは実際の事件か。その年月日はいつか。
13. 日本で初めて電話が使われたのはいつ，どこだったか。
14. バラ戦争とは，いつ頃のどのような戦争であったのか。何故バラ戦争と呼ばれるようになったのか知りたい。
15. ジャーナリズム史上における横浜事件とは，どのような事件か。
16. チェルノブイリ原発事故，スリーマイル島原発事故はいつ頃のことで，その被害の様子，影響などを知りたい。
17. ハンカチは，いつ頃，どのような人たちによって使われるようになったか。また，その大きさ，材質について知りたい。
18. 黄巾の乱とは，いつの，どのような事件か。
19. 近江令とは，いつ頃のどのようなものか知りたい。
20. インカ帝国は，いつ頃のどこにあった国か。首都，特徴，滅亡した理由などについ

て詳しく知りたい。

21. アメリカの南北戦争の原因は何か。いつからいつまで続いたか。

22. 金閣（京都の寺）が焼失したのはいつか。その原因は何か。いつ再建されたのか。

23. 香港がイギリスの統治下におかれた事情を知りたい。

24. レニングラードという町の旧名は何か。いつ，どのような理由で変更されたか。

25. ボドレー図書館の歴史を知りたい。

26. リュートと琵琶の違いと歴史的経緯を知りたい。

27. 日本で初めてカラー映画が始まったのは，いつで，何という作品か。また，当時カラー映画のことを何といっていたか。

28. Black Thursday とは，いつ頃起きたどのようなできごとか。日本語で何といっているかについても知りたい。

29. 世界最古の土偶と日本最古の土偶は，どこの遺跡から発掘されたのか。どのような大きさや形をしているのか，写真をみることはできるか。

30. 日本にカメラ（あるいはその前身）が伝来したのはいつ頃か知りたい。

（8）地理・地名・地図に関する問題

1．都留市が市制を敷いたのはいつで，地名の由来は何であったのかを知りたい。

2．鳥取県にある三朝温泉という温泉は何と読むのか。何で有名な温泉か。温泉として知られるようになった由来は何か。

3．フランスの Toulouse 地方というのはどの辺りを指すのか。

4．石川県の大聖寺という土地の歴史を知りたい。現在の正式名称も知りたい。

5．インドの Jaipur という地名の発音を知りたい。

6．カスピ海付近のメルヴという町（？）の位置を正確に知りたい。

7．パリとウィーンの街の様子を調べたい。

8．エグモント山とはどこの国にあって，どう綴るのか。

9．呉姿々宇山とはどこにあって，山名の由来は何か。何で有名か。

10．日本橋という地名が江戸（東京）と大阪にあるという。その位置，読み，地名の由来などを知りたい。

11．ビルマがミャンマーに国名を変更したが，いつのことか。ミャンマーとはどういう意味か。

12．バルト３国の位置，歴史，民族，気候などを知りたい。

13．カイバル峠とはどこにあり，どのような事件の起きたところか。

14．ジブラルタル海峡とはどこにあるか。その長さ，幅，深さなども知りたい。

15. トンガ王国について，その位置，面積，人口，産物，民族などを詳しく知りたい。
16. 関東地方にある作草部町の読み方を知りたい。何県にあるか。その地名の由来も知りたい。
17. モンゴルが大帝国を築いたのは，いつ頃で，どの範囲であったか。地図で示した資料が欲しい。
18. 藺牟田池とはどこのことか。名称の由来は何か。何で有名か。
19. 標高 8,000m 以上の高山は世界にいくつあるか。山名，地域，標高を知りたい。
20. ゴールデントライアングルとはどの地域のことを指し，何で有名か。その歴史的なことも知りたい。
21. 石狩川の全長と水源を知りたい。また，その名前の由来も知りたい。
22. 霊岸橋はどこにあるか，またその橋の名前の由来を知りたい。
23. 八町暖（または八丁暖）という地名はどこにあるか。何と読むか。また，暖とはどのような意味か。
24. 東京の麻布市兵衛坂の正確な位置を知りたい。
25. ガンジス川はどこからどこまで流れているか。全長は何キロメートルか。また宗教的にはどのような意味をもっているかも知りたい。
26. 中央アジアの和田という地名は，昔，何と呼ばれていたところか。また，どのようなところか知りたい。
27. アレキサンドリアという地名はどこにあるか。古代同じ地名がいくつかあったらしいが，どことどこか。その理由は何か。
28. Heiligenstadt はどこの国にあり，どのような所か。何にゆかりのある所か，そのゆかりのものも見たい。
29. ベトナムのユエとはどこか。いつ頃，どんな文化が栄えたところか。
30. カッパドキアとはどのあたりにあるか。その地理的な特徴は何か。写真があれば見たい。

（9）人物・企業・団体に関する問題

1. Bernard Henri Leach とは，どのような人物か。
2. 『アラビアン・ナイト』の訳者，バートンのフルネームを知りたい。また，彼に関する伝記を読みたい。
3. 春山行夫とはどのような人物か。また，彼に関する文献を調べたい。
4. リンカーンの経歴や業績，また彼に関する伝記などを知りたい。
5. 松原至大とは，どのような人物か。

6．中国の本に"馬克思"という人名らしい語があった。人の名としたら誰のことを指すか。

7．日本で教鞭をとったことのあるデニングという人について知りたい。

8．シーボルトの略伝とその記念碑のある場所を知りたい。

9．20世紀前半にフランスで活躍したペレという人物について知りたい。日本にも縁のある人物と聞いている。

10．John Batchelor とは何の研究家として知られているか。その人物について詳しく知りたい。著作があればそれも知りたい。

11．クレオパトラは実在の人物か。「鼻がもう1cm低かったら」の意味は何か。

12．河鰭実英，鎮目恭夫，鑪幹八郎，喰代修，班目文雄の読み方を知りたい。また，それぞれどのような人物か。

13．モネのフルネームと略歴を知りたい。日本と関係の深い作品および自筆の自画像を所蔵している美術館等も知りたい。

14．映画監督の河瀬直美の略歴と主な作品，受賞歴を知りたい。

15．世界の四聖とは誰のことを指すのか。

16．寺田寅彦と吉村冬彦とは同一人物か。そうだとしたら，その名前の使い分けを知りたい。また，著作全部を知るにはどうしたらよいか。

17．横笛という人物について知りたい。

18．ナンセンが北極点に達したのはいつであったか。略伝も知りたい。

19．山階鳥類研究所の住所，事業内容，機関誌などを知りたい。

20．アスキーという会社について詳しく知りたい。

21．岐阜市立中央図書館の住所と開館時間，蔵書数，サービス内容などを知りたい。

22．浜松ホトニクスという会社の沿革，特色などを知りたい。

23．情報図書館 RUKIT について詳しく知りたい。

24．図書館関係団体について知りたい。その団体が発行する機関誌も教えてほしい。

25．日本動物学会のことについて知りたい。また同学会が発行している学術雑誌のタイトルを知りたい。

26．ばねを製造している中小企業を知りたい。

27．上組と日新は同じ業界の会社であるそうだが，それぞれどのような会社か。その特色や給与などを知りたい。

28．民間の助成団体が行っているボランティア活動に対する助成にはどのようなものがあるか。

29．かつて忠実屋というスーパーがあったそうだが，その沿革や特色を知りたい。

30．旅の図書館の所在地，開館時間，受けられるサービスを知りたい。

（10）法令・判例・特許に関する問題

1．著作権法第三十条および第三十一条の条文を知りたい。
2．弁理士試験についての法令を知りたい。条文に書かれている現行の試験科目なども知りたい。
3．タクシー会社を設立したいが，タクシー運転手の登録に関する現行法の条文を知りたい。
4．歩行者の安全に関する法令には，どのような法令が関係しているのか知りたい。
5．特許出願をしたいが，そのための法令を詳しく知りたい。また，子どもが発明した特許を出願するにはどのようにしたらよいか根拠となる条文も知りたい。
6．内閣総理大臣はどのように決まるのか，根拠となる法令と条文を知りたい。
7．公立小学校の授業料と教科書代について知りたい。金額についての何か法的根拠はあるか。
8．個人情報の範囲について知りたい。個人情報の取扱いについての法令があれば教えて欲しい。
9．パスポート取得にかかわる手数料について，根拠となる法令と条文を知りたい。
10．成田空港から海外へ出発するときにかかる旅客サービス施設使用料等について，根拠となる法令と条文を知りたい。また，現在いくらかかるかも知りたい。
11．東日本大震災後に最初に開催された衆議院予算委員会はいつ開かれたのか。また，当時の総理大臣の発言内容について知りたい。
12．東日本大震災後に最初に開催された参議院本会議の回次と開かれた日にち，その議題とあらましを知りたい。
13．第一回帝国議会貴族院が開催されたのはいつか。そのときの議事と議長の名前も知りたい。第一回議事のあらましも知りたい。
14．不正アクセス禁止法の正式な法律名と公布年月日を知りたい。また，改正は何回行われているか。最終改正の審議経過を知りたい。
15．津波による災害を受けた漁業に関する廃止法令を知りたい。
16．第三次小泉内閣時代の衆議院における小泉総理大臣の行政改革に関する発言を知りたい。
17．知的財産権に関する条約の承認案件について知りたい。最初に提出された案件はいつであったか。またその審議経過も読みたい。
18．国際特許分類におけるストラスブール協定について知りたい。また，この条約の承認案件の審議経過も読みたい。

19. 絶滅のおそれのある野生動植物の種の国際取引に関する条約の公布年月日と審議経過を知りたい。

20. 神戸地方裁判所で不当解雇に関する裁判の全文を読みたい。どのような判例があるか，簡単に説明して欲しい。

21. 讃岐うどんの商標権に関する判例の原告と特許庁における手続の経緯を知りたい。また，この裁判の全文も読みたい。

22. 平成18年1月1日以降現在までに行われた裁判で，東京最高裁判所で争われた衆議院議員選挙の無効に関する裁判の全文を読みたい。

23. 乗用車と自転車の交通事故に関する事件で，横浜地方裁判所で行われた裁判の全文を読みたい。

24. 観光バスにサザエさんを描いて運行したバス会社が，作者に訴えられた事件の裁判の主文の内容は，どのようになっているか知りたい。また，その裁判の全文も読みたい。

25. 振り込め詐欺に関する事件で，神戸地方裁判所と東京簡易裁判所で行われた裁判の内容を知りたい。できれば全文を読みたい。

26. ノーベル賞受賞者の田中耕一が「固体クロマトグラフィ質量分析法」に関する特許を取得しているが，その特許の出願日，特許明細書を見たい。なお，特許番号は第2569570号である。

27. 明治時代に杉本京太が発明した邦文タイプライターの特許明細書と図面を見たい。なお，特許番号は第27877号である。

28. 調理に便利なものであるらしい特許番号第3650373号の発明の名称，出願日，発明者，特許請求の範囲を知りたい。

29. 米国ティファニー社が日本の特許庁に登録している商標は何件あるか。そのうち，眼鏡および眼鏡ケースの登録番号，出願日，登録日，存続期間満了日，商標の実寸を知りたい。

30. 日本で意匠登録されているエルメスのバッグはいくつあるか。出願日が最も新しいバッグの登録日と優先日を知りたい。また，そのバッグのデザインを見たい。

Ⅲ 部
情報サービスのための情報資源の構築と評価

　　レファレンスサービスを充実させるために必要な事項として，レ
ファレンスコレクションの整備と構築，発信型情報サービスの構築
と維持管理がある。Ⅱ部で実際の問題で演習を学習した後，Ⅲ部で
レファレンスコレクションの評価と，インフォメーションファイル，
パスファインダー，レファレンス事例集やレファレンス事例データ
ベースの作成と維持管理についての演習ができるように例題を含め
て，2章に分けて紹介している。

14章 | レファレンスコレクションの整備

1. レファレンスコレクションの整備

　公共図書館においては，利用者からさまざまな質問が寄せられる。「昔読んだ本をもう一度読みたいが所蔵しているか」「就業規則を作りたいが，その雛形になるような情報はないか」「講演会で講師を呼びたいが，講師一覧のような資料がないか」等々，さまざまである。利用者からの質問に対して回答するときに使うレファレンスツールを総称してレファレンスコレクションと呼ぶ。図書館が所蔵する印刷資料（図書，雑誌，新聞など）のほか，商用データベースやウェブ情報資源も含まれる。したがって充実したレファレンスコレクションを常備することが，的確な回答に結びつくことになる。また，利用者は自分自身で調べようとして図書館に来館する場合も多い。このため，利用者が使いやすい情報資源を収集し，整備しておくことも重要である。レファレンスコレクションの整備は，優れたレファレンスサービスを行うための基盤となる。

（1）レファレンスコレクションの収集

　レファレンスコレクションの整備は，レファレンスツールの選択，収集，整理，排架，除架，保存という一連の流れの中で行われる。図書館の規模や利用者ニーズに即した収集方針を策定し，それに即した収集を行うことが必要となる。

　レファレンスツールは一般の図書や雑誌などのコレクションと異なり，高価なものや継続的に刊行されるものが多いため，別枠の予算を確保するか資料費全体の中で一定額を継続的に確保していくことが必要となる。

　レファレンスコレクションの中には，出版流通に乗らない地域の情報や自治体に関する資料なども含まれる。特に公共図書館では利用者や他の図書館から地域に関する情報要求も多く，そのような質問に的確に答えることがその自治

体の図書館の責務である。そのため地域の関係機関に協力を依頼したり，地域
新聞の記事を確認して資料の寄贈を依頼したりする努力が求められる。最近で
は，インターネットを使って配信される有効なデータベースや地域情報も多い。
行政資料の中には，出版経費削減のため，冊子体での発行を行わず，ウェブサ
イトから PDF ファイルなどで提供するだけとなるケースも多い。このことに
対しては印刷して保存するなどの対処も行われているが，将来的には地域レベ
ルでのウェブアーカイビングも必要となるであろう。

　レファレンスコレクションも，一般図書と同様に日々新しいものが出版され
ている。年鑑類は継続的に収集していくことが，コレクション構築上重要とな
るが，継続的に刊行されないツールは，改訂版の出版の有無や類似の新規レフ
ァレンスツールの刊行の有無などを，日常的にチェックしていくことがルーテ
ィンワークとして必要となる。特に未解決事例に対しては，どのようなツール
を使用して解決できなかったかを記録しておき，参考にすることも必要である。
そのためには，"国立国会図書館サーチ" "参考図書紹介" 『年刊参考図書解説
目録』，新聞広告，などをチェックするとよいであろう。

　限られた予算の中で，類似のレファレンスツールを何冊収集するかも決めな
くてはならない。それぞれに特徴があるので，できれば見計らいなどで現物チ
ェックをしてから，購入するかしないかを判断することが望ましい。

（2）レファレンスコレクションの構築

　レファレンスコレクションは前項で述べたように既存のレファレンスツール
のほか，常時新しく出版されるツールに対しても目を向けていく必要がある。
その際には，自館で受けたレファレンス質問で使用したレファレンスツールの
使用頻度の統計データを参考にするとよい。印刷物のレファレンスツールでは，
日本十進分類法（NDC）に分けて分野に偏りがないか，重要なツールに抜け
がないかどうか確認する。過去に購入していたレファレンスツールも含め，一
方で将来の利用にも配慮しながら，レファレンスコレクションの構築を行うこ
とが必要である。そのためには，定期的な点検と更新作業が必要である。

　一方，ウェブで提供されている情報資源については，URL の変更，検索シ
ステムの変更・中止，検索機能の変更などがあり，場合によってはサービス中

止となることもある。商用データベースについては，利用頻度の集計データが
必要となる。新規データベースの導入に当たっては，予算，利用頻度の可能性，
導入することによるメリットなどを考慮する。

　このように，これからの時代のレファレンスコレクションの構築は，さまざ
まなメディアのレファレンスツールが存在する中，同一のレファレンスツール
が印刷物でも電子メディアでも利用できる場合が出てきている。しかし，同一
ツール名でも，メディアが異なると収録内容が完全に同一とは限らない。した
がって，必要とされるレファレンスツールを多角的に構築していくことが望ま
れる。

（3）レファレンスコレクションの配置

　レファレンスコレクションを配置するには，大きく分けて二通りの方法があ
る。レファレンスツールを集中的に集めレファレンスコーナーやレファレンス
ルームを作る方法と，レファレンスツールを別置せず通常の分類排列書架に混
排する方法がある。前者は大規模図書館で多く見られる。レファレンスツール
の一覧性が高く，利用者にとっても調べもののために必要なレファレンスツー
ルの場所がわかりやすい。後者は小規模図書館で行われており，主題と関連付
けた調査をする場合には有効な方法である。

　レファレンスツールは調べたいときに常に調べられるように，基本的には禁
帯出としている図書館が多く，来館した利用者がいつでも活用できるように配
慮されている。しかし，統計類や白書などの中には複本を用意し，調査研究時
に短期貸出するケースもある。

　レファレンスルームやレファレンスコーナーには机や椅子を備え，調べもの
がしやすい環境を整える。さらに，インターネット情報や商用データベースな
どを利用することができるように，コンピュータを設置しておくことも必要で
ある。商用データベースや CD-ROM あるいは DVD-ROM データベースは，
利用者にとって冊子形式のツールと異なり，検索方法などがわかりにくい場合
もあるので，検索マニュアルを用意したり，図書館職員による適切なナビゲー
ションが不可欠である。

　なお，レファレンスツールは，一般的に一冊の重量が重たいため，書架への

配慮も必要である。できるだけ低書架を使用して，書架の上にレファレンスツールを広げられるようにする。また，地図帳や図版などの大型のレファレンスツールは，大判が広げられる書見台も設置すると使いやすい。

　レファレンスサービスは人的援助を必要とするため，レファレンスサービスカウンターの近くにレファレンスツールを配置するのが望ましい。そうすれば，レファレンスツールを利用者とともに活用したり，図書館員が利用しているところを多くの利用者に見せて，使い方を覚えてもらうこともできる。

　一般に，利用者にとってレファレンスサービスという言葉は，あまり馴染みがない。どのようなサービスなのか理解が不十分なことも多い。したがって，レファレンスサービスという言葉を用いずに，「調べものをお手伝いします」や「資料相談コーナー」などと表現する場合もある。

（4）レファレンスコレクションの維持

　限られたスペースで有用なレファレンスツールを常に提供していくためには，レファレンスコレクションの定期的な点検と更新が必要である。新しく受け入れたレファレンスツールはその資料の特色を明示しながら，一度紹介展示などを行うとよい。また，新版が出たり，出版年の古くなったりしたレファレンスツールは除架し，閉架書庫に引き上げる。ただし，古くなったからといって廃棄することは避けるべきである。古いレファレンスツールでも古いことが資料的価値となる場合がある。当然ではあるが，年鑑や白書などのような逐次的に刊行されるレファレンスツールは，継続的な所蔵が財産となり，過去の情報を求める利用者には有用な資料となる。

　古くは印刷物で刊行されていたレファレンスツールが，現在は電子版で提供されるようになってきている場合も多くなってきている。特に案内指示型レファレンスツールである書誌，目録，索引誌などはそのようなケースが多くなってきている。このような場合は，印刷物は当面の間は閉架式書庫に移動して保管し，3年間くらい使用頻度を調べて，ほとんど使用されないようであれば廃棄も考慮する。

2．レファレンスコレクションの評価

（1）評価の必要性

　レファレンスサービスを行う場合，使い勝手のよいレファレンスツールを取り揃える必要がある。そのためにレファレンスサービス担当者は，各主題で基本となるレファレンスツールを熟知しておくこと，そして個々のレファレンスツールの特徴を十分に把握しておくことが必要である。

　前述したように，新しいレファレンスツールが刊行された場合，所蔵しているレファレンスツールとの照合を行い，新たなものとして入手した方がいいのか，または，より大きな図書館に任せ，自館では購入を見合わせる方がよいのかを判断する。このときの目安は，その図書館の蔵書規模や予算に左右されるが，所蔵漏れのある分野や利用頻度が多いと思われる分野の資料は，一度現物を確認し判断する必要がある。定期的に担当者が集まり，自館のレファレンス事例の報告会を行い，このような事例紹介の中でツールを評価することも必要である。

　レファレンスツールの評価では，現物を確認することが基本となる。はしがき，目次，凡例，索引の有無と詳細度，造本，そして価格の確認を行う。はしがき，凡例あるいは利用の手引きによって，その資料の特色を把握し，既存のレファレンスツールとの違いを見極める。また，印刷物では，目次や索引の種類や構成をチェックする。各種事典類は索引の有無や，その良し悪しによって，使い勝手が大きく異なる場合があり，選択上の大きな視点となる。

　また，商用データベースを選ぶ場合には，購入する前にトライアル期間を利用して，実際に使用してみることが大切である。ヘルプ機能の充実，検索方法および検索結果の内容や出力順など，使い勝手にかかわることがわかり有効である。

　ウェブ上のデータベースを評価する場合には，その情報に対する責任の所在が明らかなウェブサイト，すなわち内容の信頼性と出典の確認は重要である。

　自館のレファレンスコレクションについて熟知していれば，利用者からレフ

ァレンス質問が寄せられたとき，迅速に対応することができる。新たに受け入れたレファレンスツールについても，はしがきや凡例などを読み，その資料の特徴を把握し，使い方を習得しておく。

　レファレンスコレクションの内容は，常に見直す必要がある。情報的価値を失っているレファレンスツールは，新しいものと入れ換える。レファレンス質問に回答できなかった場合に，代替となる新たなレファレンスツールを選択するために評価をしておく。

　以上のことから，レファレンスツールの評価の目的は，次のようにいうことができる。

　①レファレンスツールの収集，選択のための評価

　②レファレンスコレクションの点検，更新のための評価

　③インフォメーションファイルやパスファインダー作成のための評価

　④レファレンスツールの広報のための書評作成のための評価

（2）評価項目とチェックポイント

　レファレンスツールの評価は，あらかじめ図書館内で評価項目を定めておく必要がある。評価には，主に以下に示すような項目が考えられる。各項目に関する情報を，印刷物では，はしがき，凡例あるいは利用の手引きなどを読み，項目に沿って内容を記録する。以下の評価例に示すように，表紙の写真も添えるとどのようなツールであるのかがわかりやすい。電子版には，CD-ROM 版や DVD-ROM 版のようにオフライン形式のレファレンスツールと，オンライン形式のウェブ版とがある。CD-ROM 版や DVD-ROM 版には，取扱説明書が付いており，詳しい検索方法などを解説しているので，それを参考に実際に使用して評価する。ウェブ版では，ヘルプ機能や説明などを参照し，実際に検索して評価する。電子版では，検索画面などを添えるとイメージが理解しやすい。

（3）事実解説型レファレンスツールの評価

　辞書・事典，便覧，年表，統計，地図，年鑑などの事実解説型レファレンスツールの評価は，次の項目に沿ってまとめる。

【書誌事項】書名，責任表示，版表示，出版者，出版年，総ページ数，大きさ，価格，
　ISBN などの書誌情報
【主題】レファレンスツールで扱われている主題や分野
【収録内容と範囲】扱われている内容の範囲，時代・地域の範囲，収録範囲（網羅的
　か選択的か），項目数，収録点数
【本文】収録されている内容，項目の選定と表記の仕方，全体の解説の仕方
【構成】全体の構成，本文の構成，索引の構成
【項目の検索方法】目次，索引，項目一覧などからの検索方法，凡例・利用の手引き，
　索引の使いやすさ，排列方法
【項目の記述】見出しの解説の仕方，図表の有無
【用途・印象】特徴，用途，利用しての印象

事実解説型レファレンスツールの評価例

【書誌事項】

専門情報機関総覧2018／専門図書館協議会

調査分析委員会編

東京：専門図書館協議会，2018

10, 138, 856, 20p.；26cm

32,000円

ISBN978-4-88130-026-8

【主題】収録する機関を，「総記」「政治・社会」「経済」
「産業」「人文科学」「芸術・文化」「生活・家庭」「工学・
工業」「自然科学」「医学・薬学」「全分野」の11の主題分野に分類し，さらに119に
細分類している。

【収録内容と範囲】①特定分野の資料を重点的に収集・整理・保管し，一定の人々の
利用に供する図書館や機関，②事業組織（官公庁，団体，公文書館，民間企業，大
学，学協会，美術館，博物館，調査研究機関等）の中の資料・情報部門（図書館・
資料室，情報センター等）のいずれかに該当するわが国の専門情報機関にアンケー
ト調査を実施して，回答の得られた1,673機関を収録している。データの内容は，
2017（平成29）年8月現在のものである。さらに，A機関種別，B公開・限定公
開・非公開別，資料費別，Cスタッフ数別，会員・非会員別，資料室面積別，D主
題分野別の四つの観点からの統計表を収録している。

【本文】掲載機関に対し，以下の39項目について記載している。記載項目は，機関番
号，機関正式名称，機関名略称，欧文機関正式名称，欧文機関名略称，公開・限定

公開・非公開の状況，専門図書館協議会加盟の有無，郵便番号・所在地・電話番号・ファクシミリ番号・ホームページの URL，OPAC のホームページの外部公開，利用案内，利用料金，利用できるサービス，利用日時，最寄り駅，連絡担当部署，設置年，スタッフ数，過去3年おける新規スタッフの雇用，資料室面積，座席数，PC 持込，WiFi 設備，コワーキングスペース，飲物の持込，資料・データ購入費，PR，主な収集分野，重点収集資料，所蔵図書，年間受入，雑誌類，新聞，非印刷物，特殊コレクション，HP 公開，サービスツール，相互協力，分類表，外部 MARC 利用，資料の管理方法，自機関作成 DB，発行雑誌等の42種からなる。

【構成】 索引は主題分野別（キーワードガイド，主題分野ガイド），重点収集資料別，機関種別の3種の索引，専門情報機関一覧（所在地別ガイド），専門情報機関関係団体一覧（協会，協議会，学会，研究会，連絡会など），専門情報機関統計（A 機関種別，B 公開・限定公開・非公開別，資料費別，C スタッフ数別，専門図書館協議会会員・非会員別，資料室面積別，D 主題分野別の4種類の統計表），専門情報機関総覧2018年版調査票，五十音順索引で構成されている。本文・索引とも，項目ごとに五十音順に排列し，機関番号を付している。アルファベットやカタカナで始まる機関名は各音の最初に排列している。

【項目の検索方法】 機関名が分かっている場合は，巻末の機関名の五十音順索引から検索できる。主題分野別索引では機関名が掲載されているので，同分野の機関名を一覧でき，本文を参照できる。重点収集資料別索引では，統計，地図，点字等24種類に分けて機関名が一覧でき，本文を参照できる。機関種別索引は13種類に分類されており，機関名を一覧でき，本文を参照できる。これらの索引には，公開・限定公開・非公開の種別が付されている。いずれの索引も機関番号により，本文を見ることができる。

【項目の記述】 本文の項で記したように，アンケート調査の回答に基づいて42種類の項目について簡潔に記載されている。機関名ごとに黒い帯に白字で印刷されているので，見やすくなっており，所在地，URL 等の次に，利用案内，一般事項，所蔵資料，サービスツール，相互協力，資料の整理，システム化，発行雑誌等という項目に大別して記載されている。項目は太字で記載されている。

【用途・印象】 専門図書館協議会に加盟する機関・団体に関する情報を知りたい場合に，欠かせないレファレンスツールである。索引が充実しており，多様な観点からの検索が可能になっている。専門図書館について網羅的に収録しているレファレンスツールは少ないため，機関ごとの公開・限定公開・非公開の利用条件，最寄駅，コレクションの状況，利用可能なサービスなど，多岐な内容が簡潔にまとめられているので，実際に訪問可能かどうかについてこの資料を調べた段階で把握できる。

また，国立国会図書館，公立図書館，大学図書館も専門性の高い資料の収集をしている部門等が掲載されているので，専門分野の資料の調査に有効である。巻末に収録されている統計は，専門図書館に関する有用な統計資料である。日本図書館協会が作成する『日本の図書館　統計と名簿』に掲載されている公共図書館と大学図書館に関する統計とは異なる観点からの統計データであり，専門図書館の重要なデータを得ることができる。現在のところ３年に一度の刊行頻度であり，2018年版は冊子体の購入者への付加的なサービスとしてウェブ版を提供している。ウェブ版では，機関名，重点収集資料，コレクション情報など個別の機関情報を対象にフリーキーワード検索ができる。さらに，所在地，機関種別，公開・非公開，利用料金，OPAC，専図協会員・非会員，主題分野などで絞り込み検索もできる。必要に応じてウェブ版が利用できることから，図書館員にとって利便性が高いツールといえよう。

（4）案内指示型レファレンスツールの評価

　書誌や目録などの案内指示型レファレンスツールの場合は，次の項目に沿ってまとめる。

【書誌事項】書名，責任表示，版表示，出版者，出版年，総ページ数，大きさ，価格，ISBN または ISSN などの書誌情報

【主題】レファレンスツールで扱われている主題や分野

【収録内容と範囲】収録情報資源の範囲，時代・地域の範囲，収録範囲（網羅的か選択的か）

【採録方法】採録者，採録情報資源

【本文】収録されている内容，項目の選定と表記の仕方，全体の解説の仕方

【構成】全体の構成，本文の構成，索引の構成

【分類方法】分類基準，分類項目

【索引の種類】索引の種類と名称

【項目の検索方法】目次，索引，項目一覧などからの検索方法，凡例・利用の手引き，索引の使いやすさ，排列方法

【項目の記述】見出しの解説の仕方，図表の有無

【用途・印象】特徴，用途，利用しての印象

案内指示型レファレンスツールの評価例

【書誌事項】

マンガ・アニメ文献目録

竹内オサム監修

日外アソシエーツ編

東京：日外アソシエーツ，2014

18, 688p；26cm

23,000円

ISBN978-4-8169-2486-6

【主題】マンガとアニメーション（アニメ）を収録対象と
している。

【収録内容と範囲】戦後から2013年までに国内で発表された，日本および海外のマン
ガ・アニメに関する批評・研究文献を収録した文献目録である。単行図書3,691点，
図書掲載論文（年譜・年表・書誌を含む）854点，雑誌記事16,613点の計21,158点を
収録している。

【採録方法】日本・海外のマンガ・アニメに関する概論，史論，作家・作品論などの
批評・研究論文を採録している。年譜・年表・書誌など一般に研究用資料と見なさ
れている文献を採録している。図書では，専門書，研究書，概説書，自伝などを採
録している。事典，索引，書誌などの参考図書も採録している。雑誌記事では，マ
ンガ・アニメの学会誌，同人批評誌，大学紀要類のほか，総合誌，一般誌などの掲
載論文・記事を採録している。純然たるエッセイ，創作作品と見なせる著作は除い
ている。

【本文】文献の記述は3種類に大別できる。(1)図書では，著者名／書名，副題，巻次，
各巻書名／版表示／出版者／刊行年月／頁数／大きさ／定価／（叢書名）を記述し
ている。(2)図書の一部の場合は，著者名／標題／〈書名，副題，巻次，各巻書名／
図書著者名／出版者／刊行年月（叢書名）〉／該当頁または頁数を記述している。
(3)雑誌記事では，著者／論題／：掲載雑誌名／巻号／［刊行年月］／該当頁または
頁数を記述している。

【構成】全体構成は，マンガ・アニメ一般（p.3-27），マンガ（p.28-207），アニメ
（p.208-286），作家・作品論（日本）（p.287-593），作家・作品論（外国）（p.594-608）
からなる。巻末に事項名索引，著者名索引，収録誌名一覧がある。文献の排列は，
区分ごとに刊行年月順としている。同一刊行年月の文献は，タイトルの表記順，著
編者名の五十音順とし，著編者表記のない文献は最末尾にまとめて排列している。

【分類方法】文献の分類は，内容によって「マンガ・アニメ一般」「マンガ」「アニメ」「作家・作品論（日本)」「作家・作品論（外国)」の五つに大別している。「マンガ・アニメ一般」には，全般的な内容の文献，関連博物館，図書館，「おたく」など周辺テーマを扱った文献を含めている。「作家・作品論」には，個々の作家，作品に関する文献を含め，作家名で分類し，必要に応じてさらに作品名で細分している。内容による分類のほか，文献の形態によって一般文献と書誌，書評に大別している。一般文献は，図書と雑誌に区分している。事典・辞典，年譜，年表，著作目録，参考文献一覧，名簿などは便宜上，書誌に区分している。

【索引の種類】事項名索引と著者名索引がある。事項名索引は，各分類見出しに包括される人名や作品名，テーマ，雑誌名などを見出しとし，文献の所在は分類見出しとその掲載開始頁で示している。著者名索引は，各文献の著者，編者，訳者，対談者などを見出しとしている。文献の所在は掲載ページで示している。排列は，姓の五十音順，次に名の五十音順とし，アルファベット表示の著者名は五十音順の後に姓のアルファベット順にまとめている。

【項目の検索方法】目次から検索する方法と，事項名索引あるいは著者名索引から検索する方法がある。目次も非常に詳細に区分されており，検索しやすい。事項名索引に出てくる人名には，生年と没年が記載され分かりやすい。アルファベット表示の著者名には，日本人も含まれるので注意が必要である。

【項目の記述】各分類項目のもとに，図書，雑誌，書誌，書評に区分され，著者名順に配列されている。

【用途・印象】戦後から約70年間の日本および海外のマンガとアニメの研究に関わる文献約21,000点を体系化して収録する本書は，この分野の研究者やこれから研究を志す人々にとって，欠かせない文献目録といえる。マンガとアニメを主題にした初の文献目録という点で価値がある。今や日本のマンガやアニメは世界中で親しまれ，特に若い世代に絶大な人気がある。戦後の日本の文化史の側面をマンガやアニメから研究する場合に，重要な文献目録となるであろう。特に，目次に記されている詳細な分類見出しは，巻末索引からではなく，マンガやアニメの研究をブラウズするには非常に有効である。また，本書の冒頭にある監修者による「序」および「これから研究を志す人へ」では，この分野の文献目録の整備が今まで後回しにされてきたことが述べられており，そのような背景からも本書の価値がうかがえる。

【演習問題1】　身近な公立図書館あるいは大学図書館で所蔵するレファレンスツールを1冊選んで，上記の評価項目に従ってレファレンスツー

ルを評価しなさい。その際，評価するレファレンスツールの表紙
の写真を撮影して添付しなさい。

（5）ウェブから提供されるデータベースの評価

　ウェブから提供されるデータベース，すなわち電子メディアのレファレンス
ツールについては，次の項目に沿ってまとめる。ウェブから提供されるデータ
ベースでは，評価年月日を記載しておく必要がある。なぜなら，ウェブから提
供されるデータベースは，印刷物のように固定されていないからである。作成
機関や提供機関によって，検索項目や検索システムの変更などが起こりえる。
変更があった場合は再評価の必要が出てくる。

【データベース作成情報】データベース名，データベース作成機関，ウェブ上の URL，
　評価年月日

【使用料金】無料（オープンアクセス）か有料か，有料の場合の料金体系

【主題】データベースで扱われている主題や分野

【収録内容と範囲】収録情報資源の範囲，情報資源の信頼性，年代の範囲，収録範囲
　（網羅的か選択的か），データの更新頻度

【検索項目】検索語を入力できる項目の種類と名称

【検索方法】検索方法の種類，検索機能（使用できる論理演算子，トランケーション）

【出力形式】検索結果の表示方法，出力項目

【操作性】ヘルプ機能，説明の詳しさ

【用途・印象】特徴，用途，利用しての印象

ウェブから提供されるデータベースの評価例

【データベース作成情報】
参考図書紹介，国立国会図書館，
URL:https://rnavi.ndl.go.jp/sanko/
2020年12月1日参照・評価
【使用料金】無料
【主題】参考図書情報
【収録内容と範囲】国立国会図書
　館で受け入れた国内発行の図書・雑誌類から「参考図書」を選択し，その内容を紹

介している。"参考図書紹介"は，"リサーチ・ナビ"の中のデータベースの一つである。

【検索項目】検索ボックスが一つ用意されており，キーワードを入力すると検索できる。さらに，「条件を指定して内容情報を検索」では，キーワードとデータベースの項目があり，「追加条件を表示する」をクリックすると，NDC分類，紹介文，タイトル，著者・編者，出版者，出版年，書誌番号，請求記号の各項目が用意されている。

【検索方法】"参考図書紹介"のトップ画面の「キーワード検索する」には検索ボックスが一つ用意されている。また，「詳しい条件を指定して検索する」では，追加条件を表示させてさらに検索を絞り込むことができる。検索ボックスに複数の検索語を入れて検索したい場合は，論理積（AND検索）は空白（スペース）あるいはAND（小文字でもよい）演算子を使用する。論理和（OR検索）はOR演算子を使用する。論理差（NOT検索）はできない。キーワードと演算子の間には空白が必要である。空白や論理演算子はは全角でも半角でもよい。検索は中間一致検索が行われる。「条件を指定して内容情報を検索」画面では，キーワードの項目のほか，「条件を指定して内容情報を検索」をクリックすると，上述した各検索項目が表示される。「データベース」のドロップダウンリストから「参考図書紹介」を選択する。各項目には「AND」と「NOT」が選択できるようになっており，キーワード検索の結果からさらに絞り込んだり，除く検索ができたりする。NDC分類は全分類あるいは必要な分類のみ選択することもできる。また，例えば「紹介文」の検索ボックス内では，論理和（OR検索）もできる。なお，検索する際の注意事項として，検索は文字列一致であるため，「辞典」を入れても「事典」は検索されないことに注意が必要である。また，書名等の読みでの検索はできない。一つのレコード内の書名，書誌情報，内容紹介，目次のどこかに入力した文字があればヒットする。

【出力形式】検索結果は，0件の場合は0件と表示される。1件以上ヒットした場合は，検索結果件数と一覧リストが表示される。一度に表示できる件数は，10件，50件，100件，250件，500件のいずれかをドロップダウンリストから選択できる。また，一覧リストは，デフォルトは適合順であるが，タイトル順，出版年順に並べ直すこともできる。一覧リストでは，書名，監修者あるいは編者あるいは著者名，出版者，発行年，請求記号が表示される。書名をクリックすると，さらに詳細情報が得られる。［書誌情報］に加えて，［書誌情報追記］［内容紹介］［目次］［この本に含まれる情報］の項目が表示されるので，さらに見たい情報をクリックするとその内容を表示することができる。なお，これらの項目は，レコードによりすべてが表示されるわけではない。

【操作性】「キーワードを検索する」では，検索ボックスの上にヘルプを見ることがで
きる「こちら」の案内がある。「条件を指定して内容情報を検索」では，「使い方」
の案内がある。ともに検索画面を表示して分かりやすく説明されている。基本的に
は，"リサーチ・ナビ"の一つのデータベースであるので，「データベース」のドロ
ップダウンリストが"参考図書紹介"となっていることを確認する必要がある。

【用途・印象】レファレンス質問に合った参考図書を探すレファレンスブックのガイ
ドとして，必要なツールである。『日本の参考図書』は第4版が2002年に発行され
て以降，改訂版が出版されていない。そのため，新しい参考図書を探すには必要不
可欠なツールであるといえる。国立国会図書館は納本制度により出版された図書は
基本的にはすべて所蔵しているので，網羅性が担保されているという点でも重要な
ツールであるといえる。検索方法は難しくないので，検索エンジンやOPACなど
と同様な感覚で誰でも検索できるが，キーワード検索において文字列一致検索とい
う点が問題である。Google検索のように，「辞典」を入力して「事典」も一緒に検
索してくれるということはない。そのため，同義語や類義語の検索には注意を払う
必要がある。ただし，人名の場合は，「斉藤」と入力すると「斎藤」「齊藤」「齋藤」
も検索される。「渡辺」も同様に「渡邉」「渡邊」も検索される。したがって，漏れ
の少ない検索をしたい場合は，念のため異表記語も入力して論理和（OR検索）す
るとよいと思われる。

【演習問題2】　ウェブから提供されるデータベースを一つ選んで，上記の評価
項目にしたがって評価しなさい。その際，評価するレファレンス
ツールのトップ画面あるいは検索語入力画面を添付しなさい。

15章 発信型情報サービスの構築と維持管理

　図書館で調べものをする利用者は，自分で調べようとしている場合も多い。図書館員に援助を求めてくる利用者は一部であり，大部分の利用者は館内の情報資源を自分で探し，課題を解決しようとしている。したがって，利用者が自分で調べられるようにコレクションを構築し，調べるためのツールを図書館員が作成し，発信していくことは情報サービスにおいて不可欠な要件となってきている。特にインターネットを使って配信できるパスファインダー，レファレンス事例集，レファレンスの事例データベースの構築の意義は高まっている。地域に関するパスファインダーなどは独自性が高く，今後図書館のウェブサイトからの公開が主流となっていくであろう。

　国立国会図書館が管理・運営する"レファレンス協同データベース"には，"調べ方マニュアル"があり，参加図書館のパスファインダーが提供されている。また，国立国会図書館が提供する"リサーチ・ナビ"は，さまざまな調べものに役立つ情報を提供している。このウェブサイトにある"調べ方案内"には"公共図書館パスファインダーリンク集"（https://rnavi.ndl.go.jp/research_guide/entry/pubpath.php）がある。これは，都道府県立および政令指定都市立図書館のウェブページに公開しているパスファインダーを集めたものである。

　公立図書館や大学図書館では自館で作成したパスファインダーを印刷物などで提供している場合も多い。これらの既存のパスファインダーを自館のレファレンスコレクションと照らし合わせ，自館用にカスタマイズすることによりパスファインダーの作成を行うこともできる。また他の図書館のパスファインダーと比較・評価することにより，自館製パスファインダーの評価を行うことも可能となる。

　国立国会図書館の"レファレンス協同データベース"は個々の図書館が協力し，多くのレファレンス事例が登録されている。他館のレファレンス事例を見ることは図書館員にとっても参考となることが多い。また，多くのレファレン

ス事例が登録され公開されることは，利用者の自発的な調査の有効なツールを
提供することにもなる。図書館の重要なサービスの一つであるレファレンスサ
ービスを住民に広報していく役割も担っている。

1．インフォメーションファイルの作成と維持管理

　インフォメーションファイルとは，それだけではレファレンスツールの扱い
にできないような非図書形態の情報資源で，レファレンスツールとして比較的
短い間にだけ役に立つものを，整理して利用できるようにしたファイルである。
整理の際には，バインダーやフォルダーに挟んだり，台紙に貼ったりして，オ
ープンファイルの書架やファイリングキャビネットなどに収納する。利用者が
直接手にとって利用できるように排架されるものと，図書館員が事務用に利用
するために事務室に備え付けておくものがある。いずれも，その図書館独自に
作成された有用なレファレンスツールとなるものである。

（1）インフォメーションファイルの作成

　インフォメーションファイルの作成は，利用者が自ら調べものをする際に役
立つ内容を比較的簡単に分かりやすく作成することがポイントとなる。調べた
い内容別に，どのようなレファレンスツールを使用したらよいかを簡単かつ明
瞭に記載する。したがって，次節で述べるパスファインダーと同様に，特定の
テーマや分野ごとに作成する必要がある。たとえば，図書館や類縁機関である
博物館，美術館，文書館，文学館などの案内や，地域資料や郷土資料に関する
案内，話題になった人物情報，新刊案内など，いろいろな内容が考えられる。
　提供形態としては，1枚もの，リーフレット，パンフレット，カード形式な
どの形態で作成し，見やすくまとめる。今日では，図書館のウェブサイトから
提供することも利用者の便宜を図る上で望ましい提供形態である。

（2）インフォメーションファイルの維持管理

　インフォメーションファイルは，比較的短期間に利用することに重点が置か
れているため，内容の見直しと点検を頻繁に行い，受入れ年月日をきちんと管

理して，不要になったものは随時取り除く必要がある。

　インフォメーションファイルは，個々の図書館でその種類や運用管理方法が異なり，利用者の情報ニーズなどに左右されるので，その維持管理は，それぞれの図書館の状況を見ながら行う。

2．パスファインダーの作成と維持管理

　パスファインダーとは，さまざまな主題，テーマ，あるいは分野について，調べるための手立てや有用な情報資源を事前にまとめ，簡易な印刷物として作成したり，図書館のウェブサイトから発信したりする情報探索ツールの一種である。最近では，図書館のウェブサイトから電子パスファインダーを利用できるようにしておくケースが増え，他館の図書館員にとっても利用者にとっても便利になってきている。

（1）パスファインダーの作成

　実用的なパスファインダーを作るためには，日々，利用者から質問を受ける図書館員がレファレンス記録を残し，それを分析し，質問頻度の高いテーマや地域に関するテーマを抽出して作成する。パスファインダーは，前述したインフォメーションファイルよりは長期間にわたって使用できるものである。パスファインダーの構成としては，図書，逐次刊行物，ウェブ情報資源，関連機関などを盛り込む必要があるが，特にウェブ情報資源の場合は，URL の変更も想定されるため，ウェブ検索用のキーワードも記述しておくと便利である。

　リーフレット形式で作成するパスファインダーの場合は，テーマをはっきりさせるとともに，情報資源の書誌事項や分類記号を明確に記述する。利用者に配布することになるので，手に取りやすく，読みやすいものにしておくことが望まれる。一方，ウェブサイトに公開する電子パスファインダーの場合は，調べようとするテーマを日本十進分類（NDC）に従って階層化しておくなど，検索しやすい仕組みを作っておくことが重要である。

　パスファインダーで設定するテーマのレベルは，図書館が所属する地域の課題によって変わってくる。特に地域の観光，産業，文化などに関わるテーマに

ついては，より細やかなテーマ設定が求められる。また，近年，小中学校から子どもたちに示される宿題や課題は，図書館資料を使った回答を求められることが多くなってきている。地域の歴史や環境問題など，あらかじめ想定されるテーマや学校独自に設定されるテーマもある。一般的に子どもたちは探索にあたってOPACなどの書誌検索ツールに頼ることが多く，記事索引やレファレンスツールを利用することが少ない。このため，目的とする資料を探し出せないケースがある。したがって，あらかじめこれらを紹介するために，子ども向けのパスファインダーの整備が必要となるであろう。

　今日では，印刷物より電子パスファインダーを作成して公開するほうが，基本的にはいつでもどこからでも利用できて利用者にとって有効である。いずれの形式であっても，基本的な考え方は同じであり，パスファインダーの作成手順は，以下のように考えられる。

　①パスファインダーの目的と機能の確認……パスファインダーは特定の主題を調べようとする利用者の情報探索行動を前提に，その要求に応える機能をもっていなければならない。利用者が図書館で情報資源を探すときの出発点になるものである。

　②構成要素と公開フォーマットの決定……一貫性と見やすさが必要であり，機能が同じ情報資源は同一箇所に掲載する。調べることに不慣れな人にも使いやすいものを心がける。

　③トピックの決定……収録する領域の広さと深さ（レベル）を決める。特定のトピックに絞る。

　④トピックに関する検索語（キーワード）の調査と収集……学術用語集，シソーラス，件名標目表，分類表などを参考にして，検索語（キーワード）を網羅的に収集する。

　⑤情報資源の収集……④で集めた検索語（キーワード）を使用して，情報資源を，図書，雑誌，事典，電子情報などメディアによらず収集する。この際，収録範囲に関する明確な方針をあらかじめ決めておく必要がある。

　⑥掲載する情報資源の選択……収集した情報資源の中から，パスファインダーに掲載するか否かを検討し，目的にあった必要な情報資源を選択する。あらかじめ選択基準を作成しておくとよい。

　⑦掲載する情報資源の解題の作成……パスファインダーに掲載することが決まった情報資源について，平易な言葉で内容の解題を作成する。

　⑧メタデータの記述作成……電子パスファインダーにおいては，メタデータを記述し，データベース登録を行う。

　⑨公開フォーマットに従った原稿作成……あらかじめ決めた統一フォーマットに記述し，電子パスファインダーであればウェブページにアップロードする。

　⑩更新作業……パスファインダーは，一度作成したらそれで終わりではない。内容などに変更があった場合に随時更新を行うことのほか，定期的に更新を行うなどの作業が必要である。

　⑪作成したパスファインダーの利用統計と評価……パスファインダーの利用統計を把握し，評価基準項目に沿って評価する作業を定期的に行うことが必要である。①から⑦までの項目の見直しを行い，評価年月日や評価者名も記録として残しておく。

【演習問題１】　あなたが関心の深いトピックを選び，パスファインダーを作成しなさい。

（2）パスファインダーの実際

　参考となる電子パスファインダーの例としては，15－1図に示した国立国会図書館のウェブサイトにある“リサーチ・ナビ”の中の“調べ方案内”や，“レファレンスサービス協同データベース”の中の“調べ方マニュアル”がある。

　15－1図に示したように，“リサーチ・ナビ”では四つの観点からテーマ別に調べ方のヒントが得られるようになっている。調べたいテーマの言葉をクリックすると，各種のテーマを調べるための情報資源が列記されているが，それぞれの情報資源の書誌事項と同時に解題が付いており，情報資源の特徴もガイドしてくれる。

【演習問題２】　“リサーチ・ナビ”から，興味のあるテーマを選び，そこにある情報資源を利用して調べてみなさい。どの程度の情報が得られたか書き出し，情報資源が適切に紹介されているかどうか検討しなさい。

15-1図　国立国会図書館の"リサーチ・ナビ"

（3）パスファインダーの維持管理

パスファインダーの維持管理は，時間が経つにしたがって新しい情報資源が出てくるので，定期的に内容のメンテナンスを行い，情報資源の更新を行っていく必要がある。そのためにパスファインダーの中には，前述したように，作成年月日や更新年月日を記述し，いつの情報かを明確にしておく必要がある。見直し作業は，レファレンスサービス担当者全員で，定期的に行うことが望ましい。

3．FAQ とリンク集の作成と維持管理

FAQ とは，frequently asked questions の頭字語で，頻繁に繰り返し質問される内容とそれに対する回答をまとめて集めた問答集をいう。レファレンス質問のうちで，図書館の開館日，貸出冊数，貸出期間，図書の所在の場所，本の所蔵の有無など，案内質問と呼ばれる簡単な質問に対しては，FAQ として準備してウェブサイトに掲載しておくと利用者の助けになる。また，Q&A，す

なわち question and answer という言葉を使用している図書館もある。

　リンク集は，図書館のウェブサイトに，調べものをするための主要な情報資源名を掲載し，情報資源へのリンクをはったものである。多くの場合，ウェブサイトの内容別に分類して使いやすいように示している。

　ウェブサイトに公開されたリンク集があれば，利用者自身が解決できるような手段を提供することができる。また，自館では不十分な情報資源への道案内にもなる。前述した電子パスファインダーの場合もウェブにある情報資源であれば，リンク集同様にリンクをはることができる。

（1）FAQ とリンク集の作成

　FAQ は，貸出カウンターやレファレンスカウンターで，利用者から頻繁に繰り返し質問されるような簡単な質問の記録をとっておき，ウェブサイトの利用案内のウェブページや FAQ のページに，質問と回答を掲載する。質問数が多い場合は，質問内容ごとに分類して掲載するとわかりやすい。

　リンク集の作成方法は，大別すると HTML（HyperText Markup Language）を作成してウェブサーバ上にコピーする方法と，ウェブブラウザから直接編集してウェブ上に公開できるサービスを利用する方法がある。HTML を作成する方法には，HTML 作成ソフト（たとえば Word など）を使って作成する方法と，テキストエディタ（メモ帳など）を使って HTML のタグを直接書く方法がある。

　いずれも自館のウェブサイトの設計担当者とよく相談して，利用者が見やすいリンク集を作成するとよい。

（2）FAQ とリンク集の維持管理

　FAQ もリンク集も定期的に継続して，内容の点検と更新作業を進めることが必要である。そのためには，FAQ は常に利用者からの問いかけや質問を，いかに些細な内容でも記録しておくことが重要である。リンク集は，リンク先の情報資源のサービスが停止していないか，URL が変更されたためにリンクが切れていないかどうかなどについて，頻繁に点検しておかなければならない。また，新たな有用なウェブサイトがあれば，随時追加する必要がある。

　これらの維持管理には，図書館員全員の協力が必要で，定期的なミーティングにより，利用者が望むFAQやリンク集に育てていく気持ちが大切である。

【演習問題３】　自分が興味あるテーマやトピックについてのリンク集を作成しなさい。

４．レファレンス事例集およびレファレンス事例データベースの作成と維持管理

　レファレンス記録に基づいて，レファレンス事例集やレファレンス事例データベースを作成し，それらを組織化して公開していくことが，利用者自身による調査の手助けとなったり，図書館員自身の調査に役立つツールとなったりする。調査は常にうまくいくとは限らない。調査時間の限られたレファレンスサービスを行う場合，さまざまな図書館で実際に質問されたレファレンス事例集やレファレンス事例データベースを図書館員が参考にできるメリットは大きい。

（1）レファレンス事例集およびレファレンス事例データベースの作成

　レファレンス事例集やレファレンス事例データベースを作成するためには，自館で受付処理したレファレンス記録が元になる。この記録に基づいて，レファレンス事例集やレファレンス事例データベースが作成される。レファレンス事例集は，質問内容を一定の基準や日本十進分類（NDC）によって分類し，質問リストを作成し，ウェブページでは，その質問をクリックすると回答が見られる形式にすることが一般的である。レファレンス事例をデータベースとして作成しておくことで，レファレンス事例集を作成することも，それに検索機能を持たせたレファレンス事例データベースを作成することも可能となる。そのためには，簡潔で必要十分な記録を残すために，レファレンス記録の書式を明確に定めておく必要がある。

　レファレンス事例集は，自館で受け付けた実際の質問の中から，郷土やその地域に関する内容の質問と，その他の事例のうち掲載しておくとよいと思われる内容の質問を，レファレンスサービス担当者同士で十分吟味して選定する。

　選定したレファレンス質問と，その回答および回答プロセス，回答に使用したレファレンスツールなどを掲載する。ウェブで提供されている情報資源を利用している場合は，URL を掲載し，リンクをはっておくことも必要である。図書館によっては，PDF ファイルで提供しているところもある。PDF ファイルにしておくと，利用者側のブラウザに左右されず，サービスする図書館側が見て欲しい形で提供できる利点がある。

　レファレンス事例データベースは，レファレンス事例集と同様に自館で受け付けたレファレンス質問とその内容を，データベースとして作成しておき，キーワードなどから検索できるようにしておくものである。検索機能をどこまで充実させられるかが問題となる。またデータ量は多いほどよく，できれば過去の記録を遡及して，たくさんの事例が検索できるようにすることが望まれる。あまりデータ量が少ないと，キーワード検索をいろいろ行っても，ヒットしないという結果になり，使いにくい事例データベースになってしまう恐れがある。

　本書の 1 章の 1 - 3 図に示したように，国立国会図書館が提供する“レファレンス協同データベース”では，データベース化するためのフォーマットが提供されているので参考になる。

　一般的なフォーマットに盛り込む項目としては，質問，回答，回答プロセス，情報資源（レファレンスツール）名，受付年月日，回答年月日，分類，解決／未解決などがある。特に図書館での情報提供は出典を明らかにした回答が求められるため，情報資源などの記述は不可欠である。各図書館で作成するものにはこれに質問受付者名や回答者名などの項目を加えて作成維持すればよい。

　自館で独自にレファレンス事例データベースを作成する場合は，情報検索システムの開発が必要となる。検索項目を決め，質問内容や回答内容からのキーワード検索，レファレンスツールからの検索，解決／未解決など回答結果の状況からの検索など，どの項目から検索できるように設計するのか，データベースとしての検索機能を考えて作成する必要がある。上述したように，自館で独自のレファレンス事例データベースを作成することが困難な場合は，国立国会図書館の“レファレンス協同データベース”事業に参加することも一案である。

　“レファレンス協同データベース”事業には参加規程があり，作成後の点検項目として次のことが記されている。これはレファレンス事例集およびレファ

レンス事例データベースを作成するときのチェック項目となる。

(1)　個人情報が記載されていないか確認する。

(2)　公序良俗に反していないか確認する。

(3)　著作権法に抵触していないか精査する。特に特定文献からの引用を含む場合は，著作者人格権を尊重し，所定の書式に従って出典を明記しなければならない。

（2）レファレンス事例集およびレファレンス事例データベースの実際

　近年，レファレンス事例集やレファレンス事例データベースをウェブサイトから公開している図書館が増加しているが，図書館の特徴もあり，使い勝手もさまざまである。なかでも"レファレンス協同データベース"は参考になる面が多い。

　自館のレファレンスサービスの質の向上にも一役を担う，レファレンス事例集やレファレンス事例データベースであるが，大規模図書館を中心として公開されている。したがって，新たに作成したいと考えている図書館は，前例を参考にすることをお薦めする。それには，実際に利用者の立場に立って活用してみることがいちばんであろう。

【演習問題4】　レファレンス事例集をウェブサイトから提供している公立図書館を3館調べ，共通点と相違点を挙げなさい。また，それらのレファレンス事例集がどのように構成されているか調べてまとめなさい。

【演習問題5】　レファレンス事例データベースをウェブサイトから提供している公立図書館を3館調べ，画面構成，検索項目などがどのようになっているか比較しなさい。また，実際に検索語を入力して検索し，その結果を検討してまとめなさい。

（3）レファレンス事例集およびレファレンス事例データベースの
##　　維持管理

　レファレンス記録は，質問を受け，回答した時点での調査結果であり，質問

を受けた図書館員の技量による調査結果である。時間が経てば，同様の質問に対する新しい情報資源が出現してくることもある。また，他の図書館員による情報資源の補足が行われることもある。したがって，事例内容の見直しを定期的に行うことが必要である。未解決の回答が解決されることや追加調査が行われることもあるので，記録内容の更新は必要不可欠である。更新年月日を記録し，どの時点における回答であるのかがわかるようにしておくことが重要となる。

"レファレンス協同データベース"事業に参加する場合は，自館のみ公開，参加館のみ公開，一般公開と三段階の公開レベルが提供されている。小規模図書館では，人手と経費の面から独自のレファレンス事例集やレファレンス事例データベースを構築することが困難な場合も少なくない。困難であるからといっていつまでも着手しないのではなく，この事業に参加して，自館のみ公開から始めてみることを推奨する。レファレンス記録の維持管理の面からも利点が大きい。

　日本の図書館ができるだけ多く"レファレンス協同データベース"事業に参加することで，全国のさまざまな館種で受け付けた実際のレファレンス質問を互いに活用できるようになる。そして，回答プロセスや回答に使用したレファレンスツールを知ることが，日本全体のレファレンスサービスの質の向上につながるといえよう。これは，図書館員のみならず，利用者にとっても自らの調査能力が身につくことになり，情報サービスの観点からも利点は大きい。

参考文献
（より進んだ勉強のために）

浅野高史，かながわレファレンス探検隊．図書館のプロが教える＜調べるコツ＞：誰でも使えるレファレンス・サービス事例集．柏書房．2006，286p．

石狩管内高等学校図書館司書業務担当者研究会．パスファインダーを作ろう：情報を探す道しるべ．全国学校図書館協議会，2005，55p，（学校図書館入門シリーズ，12）．

入矢玲子．プロ司書の検索術：「本当に欲しかった情報」の見つけ方．日外アソシエーツ．2020，241p，（図書館サポートフォーラムシリーズ）．

伊藤民雄編著．インターネットで文献探索 2019年版．日本図書館協会，2019，203p，（JLA図書館実践シリーズ，7）．

鹿島みづき．パスファインダー作成法：主題アクセスツールの理念と応用．樹村房，2016，174p．

鹿島みづき，山口純代，小嶋智美．パスファインダー・LCSH・メタデータの理解と実践：図書館員のための主題検索ツール作成ガイド．愛知淑徳大学図書館インターネット情報資源担当編．愛知淑徳大学図書館，2005，175p．

国際文化会館図書室編．デジタル時代のレファレンス：日本研究情報を中心として　平成14年度日本研究情報専門家研修ワークショップ記録．国際交流基金，2003，115p．

高鍬裕樹．デジタル情報資源の検索．増訂第5版．京都図書館情報学研究会，2014，94p，（KSPシリーズ，18）．

高田高史編著．図書館のプロが伝える調査のツボ．柏書房，2009，310p．

まちの図書館でしらべる編集委員会編．まちの図書館でしらべる．柏書房，2002，219p．

長澤雅男，石黒祐子．問題解決のためのレファレンス・サービス．新版，日本図書館協会，2007，294p．

長澤雅男，石黒祐子．レファレンスブックス：選びかた・使いかた．4訂版，日本図書館協会，2020，247p．

中島玲子，他．スキルアップ！情報検索：基本と実践．新訂第2版，日外アソシエーツ．2021，200p．

日本図書館情報学会研究委員会編．情報アクセスの新たな展開：情報検索・利用の最新動向．勉誠出版，2009，204p，（シリーズ図書館情報学のフロンティア，No.9）．

原田智子編著．検索スキルをみがく：検索技術者検定3級公式テキスト．第2版，樹村房．2020，147p．

原田智子編著．プロの検索テクニック：検索技術者検定2級公式推奨参考書．第2版，樹村房．2020，181p．

藤田節子．図書館活用術：検索の基本は図書館に．日外アソシエーツ．2020，230p．

ヘリング，ジェームズ・E.，須永和之訳．学校と図書館でまなぶインターネット活用法：

ウェブ情報の使い方と情報リテラシーの向上 教員と司書教諭のためのガイド. 日本図書館協会, 2016, 159p.

三輪眞木子. 情報行動：システム志向から利用者志向へ. 勉誠出版, 2012, 205p, (ネットワーク時代の図書館情報学).

三輪眞木子. 情報検索のスキル：未知の問題をどう解くか. 中央公論新社, 2003, 214p, (中公新書, 1714).

ロー・ライブラリアン研究会編. 法情報の調べ方入門：法の森のみちしるべ. 日本図書館協会, 2015, 200p. (JLA 図書館実践シリーズ, 28).

事項さくいん

あ行

アクセス制限　46
アルマナック　114
一致検索　60
インタビュー　7, 18
Wiki　103
オープンアクセス雑誌　84

か行

過去のウェブページ
　　　　　48-49
画像検索　50
官公庁刊行物書誌　68
漢字検索　98
完全一致検索　23
既知資料検索　52
キャッシュ　44
空中写真(航空写真)　129
クローラ(収集プログラム)
　　　　　43, 48
クロニクル　122
継続的援助　4
研究者情報　140
検索オプション
　　　　　24, 31, 44, 78, 79
国際出願　167
国連寄託図書館　146
古地図　129
コミュニケーション能力
　　　　　3, 4

さ行

最新情報の入手　40-41
サイト内検索　50

サイトマップ　50
雑誌論文　71
サブジェクトゲートウェイ
　　　　　43
三次書誌　38
辞典と事典の違い　96
主題書誌　67
肖像情報　142
情報サービスの心構え　4
情報提供　4
情報の質　47
情報の信頼性　47
情報発信　5
商用データベース　8
所蔵情報　53, 71
シリアルズクライシス　84
世界知的所有権機関
　(WIPO)　168
全国書誌　65
選択書誌　66
ソーシャルメディア　87

た行

対応特許　163
知的財産権　163
電子パスファインダー
　　　　　200
図書館員の能力　3
特許協力条約(PCT)　167
トランケーション　23, 73

な・は・ま行

NACSIS-CAT/ILL　59
二次資料　80

ニュース情報　90-91
年譜　122
ハンドブック　109
販売書誌　66
フレーズ検索　24, 44, 73
ヘルプ　47, 189
法律相談　149
法令翻訳　154
翻訳書誌　67
未知資料検索　52

ら行

ランキング　44
利用(者)教育　4, 5
利用者アンケート　9
利用者自身による調査
　　　　　198
レファレンス記録
　　　　　7, 21, 205, 207-208
レファレンスコレクション
　　　　　12
レファレンスサービスカウ
　ンター　8, 187
レファレンス質問　5, 7
レファレンスツール
　　　　　13-16, 184-187
連想検索　60, 64, 110
robots.txt　46, 48
論理差(NOT 検索)　22, 44
論理積(AND 検索)　22, 44
論理和(OR 検索)　22, 44

情報資源さくいん（書誌情報が記されている ページは太字で示した）

〈五十音順〉

あ行

青空文庫　**69**

秋田魁新報　92

秋田魁新報記事見出し検索データベース
　　　　　　　　　　　　　　　　92

朝日新聞　87

朝日新聞記事総覧　92

朝日新聞記事総覧. 人名索引　92

朝日新聞人物データベース　**148**

朝日新聞戦後見出しデータベース：1945-
　1999　92

朝日新聞デジタル　**90**

朝日＝タイムズ世界歴史地図　**126**

朝日日本歴史人物事典　**135**

朝日年鑑　**115**

宛字外来語辞典　**101**

医科学大事典　**106**

医学中央雑誌　77

医中誌 Web　77

岩波＝ケンブリッジ世界人名辞典　**136**

岩波キリスト教辞典　**106**

岩波古語辞典　99

岩波生物学辞典　**106**

岩波西洋人名辞典　**135**

岩波世界人名大辞典　**135**

岩波判例基本六法　**161**

岩波判例セレクト六法　**161**

インターネット資料収集保存事業 → 国立
　国会図書館インターネット資料収集保存
　事業（WARP）

インターネット版官報　**154**

インターネット六法　**157**

映画年鑑　**115**

英語年鑑　**115**

英米故事伝説辞典　**118**

江戸語大辞典　**99**

江戸東京坂道事典　**133**

欧米文芸登場人物事典　**137**

大宅壮一文庫雑誌記事索引総目録　76

沖縄文献情報データベース　81

オックスフォード地理学辞典　**127**

オンライン書店 e-hon　64

オンライン書店 Honya Club.com　64

か行

カーリル　62

外国会社年鑑　**143**

外国人物レファレンス事典　**139**

外資系企業総覧　**143**

会社史・経済団体史新刊案内　143

会社史・経済団体史総目録. 追録　143

会社四季報　103, **143**, 144

会社四季報 ONLINE　**144**

会社四季報業界地図　**143**

会社史総合目録　143

会社年鑑　**143**

外務省各国・地域情勢　**132**

科学技術情報の今を知る　41

科学技術文献速報　80

科学技術用語シソーラス　**106**

架空人名辞典　**137**

学術機関リポジトリデータベース（IRDB）
　　　　　　　　　　　　　　　　84

学術研究データベース・リポジトリ　67

過去の気象データ検索　114
学会年報・研究報告論文総覧　76
学会名鑑　146
学会名鑑(2007～2009年版)　145
学校図書館基本図書目録　67
各国憲法集(基本情報シリーズ)　161
角川古語大辞典　99
角川日本地名大辞典　130
カレントアウェアネス・ポータル　41
環境問題情報事典　105
完結昭和国勢総覧　113
官公庁サイト一覧　146
官公庁便覧　146
官報　156
官報情報検索サービス　155

聞蔵Ⅱビジュアル　87
紀伊國屋書店ウェブストア　64
岐阜県関係資料　92
教育研究論文索引　77
教育法規大辞典　160
京都大学図書館機構　40
京都大事典　133
近代日本人の肖像　141

暮らしのことば新語源辞典　101
グローバルマップル：世界＆日本地図帳
　　　　　　　　　　　　　　　128

経済学辞典　105
経済学大辞典　105
経済・金融，マネー，ビジネス，政治の
　ニュース：日経電子版　90
経済産業省特許庁　167
ケップルスタートアップ企業情報　148
検索デスク　45
原色動物大図鑑　111

現代外国人名録　138
現代家庭法律大事典　160
現代社会福祉事典　105
現代人のカタカナ語欧文略語辞典 imidas：
　世界がわかる時代が見える　101
現代日本文学綜覧シリーズ　110
現代物故者事典　138
現代法律百科大辞典　160
現代用語の基礎知識　99, 103
現代流行語辞典　99

公益法人 information　147
広漢和辞典　97
公共図書館パスファインダーリンク集
　　　　　　　　　　　　　　　198
講談社新大字典　98
講談社大百科事典 Grand Universe　103
神戸大学附属図書館デジタルアーカイブ新
　聞記事文庫　92
国際学術団体総覧　146
国際関係法辞典　162
国際機関総覧　146
国際機関等の空席情報ページ一覧　147
国際条約集　162
国際連合世界統計年鑑　112
國史大辞典　103, 118
国書人名辞典　135
国土行政区画総覧　133
国文学論文目録データベース　77
国宝大事典　119
国民法律百科大辞典　160
国立国会図書館インターネット資料収集保
　存事業(WARP)　48, 125
国立国会図書館オンライン(NDL ON-
　LINE)　59, 76, 82
国立国会図書館サーチ(NDL Search)
　　　　　　　　　　　　　　　53, 94

国立国会図書館デジタルコレクション　68

故事・俗信ことわざ大辞典　100

国会会議録検索システム　156

国会提出法案　156

コトバンク　104

コトバンク（世界の祭り・イベントガイド）
　　　125

雇用関係紛争判例集　159

コンサイス外国人名事典　136

コンサイス外国地名事典　130

■■■■　さ行　■■■■

最新世界各国要覧　133

裁判例検索　157

作家のペンネーム辞典　135

ざっさくプラス　76

雑誌記事索引集成データベース「ざっさく
　プラス」　76

雑誌新聞総かたろぐ　81, 94

産経ニュース　91

参考図書紹介　37, 195

三省堂世界歴史地図　126

時事ドットコム　91

時事年鑑　115

自然地理学事典　127

実用法律用語事典：紛争解決に・ビジネス
　に必ず役立つ　160

事物起源辞典　衣食住編　125

司法統計　113

社史・技報・講演論文集検索　145

週刊朝日　87

週刊東洋経済　143

首相官邸　白書　115

主題書誌索引　39

出版書誌データベース　→　Books（出版書
　誌データベース）

出版年鑑　66

肖像情報データベース　142

消費者問題の判例集　159

情報・知識 imidas　103

条約集：多数国間条約　162

条約集：二国間条約　162

条約データ検索　160

条約便覧：二国間条約　162

昭和物故人名録：昭和元年〜54年　138

諸外国の公的機関＆国際組織のホームページ
　　　147

所管法令・告示・通達　156

職員録　138

書誌年鑑　39

助成団体要覧：民間助成金ガイド　147

史料編纂所所蔵肖像画模本データベース
　　　142

新・アルファベットから引く外国人名よみ方
　字典　136

新解説世界憲法集　161

人事興信録　138

新社会学辞典　105

新書マップ　64

新潮日本人名辞典　135

新訂現代日本人名録2002　137

新日本古典籍総合データベース　62

新日本大歳時記カラー版　101

人物書誌索引　39

人物書誌大系　140

人物文献目録　140

人物レファレンス事典（1996-）　139

人物レファレンス事典（2008-）　139

新聞・雑誌記事横断検索　90

新聞集成明治編年史　93

人文地理学事典　127

新編国歌大観　100

人名事典　141

人名よみかた辞典　136
人名録 KEY PERSON　141
信用交換所企業情報　148

スーパー源氏　65
スーパー・ニッポニカ　102
杉野服飾大学附属図書館 資料の検索　81
図説草木名彙辞典　111
図説世界文化史大系　110
図説日本文化史大系　110
図説日本未確認生物事典　111
図説明治事物起源事典　125
図録ドット JP　64

政策研究のネットワーク　146
聖書語句大辞典　100
政府刊行物月報　68
政府刊行物等総合目録　68
政府広報オンライン　68
政府資料アブストラクト　68
生物学ハンドブック　110
政府統計の総合窓口(e-Stat)　113
姓名よみかた辞典　136
世界遺産事典　118
世界憲法集　161
世界ことわざ大事典　100
世界史アトラス　126
世界史大年表　122
世界史年表・地図　122
世界宗教事典　106
世界宗教大事典　106
世界女性史大事典　118
世界人物逸話大事典　136
世界人名辞典　136
世界大地図帳　128
世界大百科事典　102, 103, 104
世界地名大事典　130

世界地名ルーツ辞典：歴史があり物語がある
　　　　　　　　　　　　　　130
世界伝記大事典　136
世界年鑑　133
世界の統計　112
世界の図書館百科　147
世界文学綜覧シリーズ　110
世界名著大事典　66
世界歴史事典　118
世界歴史大事典　118
セブンネットショッピング　64
全国各種団体名鑑　147
全国学校総覧　110
全國漢籍データベース　62
全国桜の名木100選　111
全国試験研究機関名鑑　145
全国自治体マップ検索　132, 146
全国市町村要覧　133
全国組織女性団体名簿　147
全国大学一覧　145
全国大学職員録　138
全国短期大学・高等専門学校一覧　145
全国文学館ガイド　147
全国文学碑総覧　110
戦後史大事典　119
全情報シリーズ　37
選定図書総目録　66
専門情報機関総覧　147, 190

続・現代死語事典：忘れてはならない　99
育て方がわかる植物図鑑　111

▨ た行

大漢和辞典　97
大正過去帳：物故人名辞典　138
大辞林　97
大日本地名辞書　130

ダイヤモンド会社職員録 全上場会社版　138
ダイヤモンド会社職員録 非上場会社版　138
ダイヤモンド役員・管理職情報　148
立川市関連新聞記事見出し検索　93

知恵蔵　87, 104
知恵蔵 朝日現代語　99
地価公示　128
地球環境キーワード事典　106
地球の歩き方　132
地方公共団体総覧　133
中国学芸大事典　106
中国妖怪人物事典　137
中国歴史文化事典　118
中日新聞・東京新聞記事データベース　90
著作権台帳：文化人名録　138
地理院地図(電子国土 Web)　129
地理学辞典　127
地理空間情報ライブラリー　129

使い方のわかる類語例解辞典　100

帝国議会会議録検索システム　156
帝国データバンク会社年鑑　142
帝国データバンク企業情報　148
データベース20世紀・21世紀年表　123
デジタルアーカイブ秋田県立図書館　92
デジタル化学辞典　103
デジタル版日本人名大辞典 +Plus　104
伝記・評伝全情報　140
典拠検索新名歌辞典　106
電子国土 Web → 地理院地図(電子国土 Web)
点字図書・録音図書全国総合目録　59

東京商工リサーチ企業情報　148
東京商工リサーチ経営者情報　148
東京新聞　90
東京堂類語辞典　99
東京百科事典　133
統計局ホームページ　113
統計情報インデックス　112
倒産情報　144
東商信用録　142
動植物ことわざ辞典　100
闘病記ライブラリー　67
東北大学附属図書館　40
東洋経済デジタルコンテンツライブラリー　143
読史総覧　122
読史備要　122
図書館情報学ハンドブック　109
図書館情報学用語辞典　103, 104
図書館年鑑　115, 147
図書館ハンドブック　109
図書館リンク集　40, 147
図書・雑誌探索ページ　36
特許情報プラットフォーム(J-PlatPat)　164
都道府県立図書館 OPAC・相互貸借情報一覧　62

な行
名古屋大学附属図書館　40
難訓辞典　100
難読難解日本語実用辞典　100

新潟県立図書館郷土人物／雑誌記事索引データベース　81
日経 WHO'S WHO　90, 148
日経会社情報 DIGITAL　144
日経会社プロフィル　90, 148

日経業界地図　143

日経テレコン　90, 148

日経四紙　90

日本国勢図会　113

日本国勢地図　128

日本会社史総覧　143

日本架空伝承人名事典　137

日本近現代人名辞典　135

日本現代小説大事典　137

日本現代文学大事典　106

日本憲法年表：各国対照 近代国家化の軌跡
　　　　　　　　　　　162

日本件名図書目録　66

日本国語大辞典　97

日本語研究・日本語教育文献データベース
　　　　　　　　　　　77

日本語源大辞典　101

日本古典籍総合目録データベース　62

日本史総合年表　119, 123

日本史総覧　122

日本史大事典　119

日本史年表　119

日本史年表・地図　123

日本史必携　122

日本肖像大事典　137

日本商標協会　168

日本書誌総覧　39

日本書誌の書誌　38

日本女性肖像大事典　137

日本女性人名辞典　135

日本紳士録　138

日本人物情報大系　139

日本人物文献目録　140

日本新聞協会　94

日本新聞雑誌便覧　82

日本新聞年鑑　94

日本人名大辞典　103, 135

日本人名大事典　135

日本専門新聞協会　94

日本大百科全書　102, 104

日本地名大百科　131

日本地名ルーツ辞典：歴史と文化を探る
　　　　　　　　　　　130

日本長期統計総覧　113

日本長期統計総覧(新版)　113

日本伝奇伝説大事典　119

日本統計年鑑　112

日本の企業グループ　143

日本の参考図書　37

日本の統計　112

日本の図書館：統計と名簿　113, 147

日本の図書館統計　113

日本の古本屋　64

日本文学大辞典　106

日本文化総合年表　123

日本法令外国語訳データベースシステム
　　　　　　　　　　　154

日本法令索引　151, 160

日本法令索引[明治前期編]　153

日本まつりと年中行事事典　125

日本民俗芸能事典　110

日本民俗大辞典　105

日本名家肖像事典　137

日本歴史大辞典　119

日本歴史大事典　119

日本歴史地図　119, 128

日本歴史地名大系　103, 130

年中行事大辞典　125

は行

舶来事物起原事典　125

反対語大辞典　100

判例秘書 INTERNET　162

美術図書館横断検索 **62**
必携 類語実用辞典 **100**
百科事典マイペディア **104**

ブリタニカ国際大百科事典 **102**
古地図コレクション **129**
文化遺産オンライン **110**

平成災害史事典 **119**
ベーシック条約集 **162**
ペトルッチ楽譜ライブラリー **70**

法律判例文献情報 **77**
法律文献総合 INDEX **162**
法律類語難語辞典 **161**
法令解釈事典 **161**
法令用語辞典 **161**
北海道大百科事典 **133**
翻訳小説全情報 **67**
翻訳図書目録 **67**

ま行
毎索 **89**
毎日新聞 **90**
毎日新聞のニュース・情報サイト **90**
毎日ニュース事典 **92**
マクミラン世界歴史統計 **112**
祭・芸能・行事大辞典 **125**
丸善単位の辞典 **101**
マンガ・アニメ文献目録 **193**

民力 **114**

明治過去帳：物故人名辞典 **138**
明治事物起原 **124**
明治大正国勢総覧 **113**
明治・大正・昭和翻訳文学目録 **67**

明治ニュース事典 **93**
名数数詞辞典 **101**
メディア芸術データベース **67**

や行
有職故実図鑑 **110**
有斐閣法律用語辞典 **161**

読売人物データベース **148**
読売新聞 **89**
読売新聞オンライン **90**
読売ニュース総覧 **92**
読売年鑑 **115**
ヨミダス歴史館 **89**
47NEWS **91**

ら・わ行
来日西洋人名事典 **136**
楽天ブックス **64**

理科年表 **114**
リサーチ・ナビ **35, 198**
リサーチ・ナビ（日本の絵本・児童書が海
　　外に翻訳されたものを探す） **67**
リサーチ・ナビ（政治・法律・行政） **157**
旅行ガイドブック（旅行案内書，観光案内
　　書）の調べ方―調べ方案内― **132**

類語国語辞典 **99**
るるぶ **132**

レファコレ **37**
レファレンス協同データベース **6, 41, 198**
レファレンスブックス：選びかた・使いかた
　　　　　　　　　　　　　　　　　　37

労働基準関係判例検索 **159**

六法全書　161
六法全書電子復刻版 DVD　161

わがマチ・わがムラ―市町村の姿―　131

〈アルファベット順〉

A　ACADEMIC RESOURCE GUIDE
　　（ARG）　41
　　AERA　87
　　Amazon.co.jp　64
　　APG 原色牧野植物大図鑑　111
　　Arts & Humanities Citation Index
　　　　　　　　　　　　　79
B　Biography and Genealogy Master
　　Index　140
　　Biography.com　141
　　BIOSIS　80
　　BOOK TOWN じんぼう　65
　　BOOKPAGE 本の年鑑　66
　　BookPlus　66
　　Books（出版書誌データベース）　64
　　Books in Print　66
　　British National Bibliography　65
C　CAplus　80
　　CD- 現代日本人名録：物故者編　139
　　CiNii Articles　72, 84
　　CiNii Books　59, 82, 94
　　CiNii Research プレ版　75, 114
　　Columbia Encyclopedia　103
　　Current Contents Connect　81
　　Cyber Patent Desk　169
D　D1-Law.com　77, 162
　　Derwent Patents Citation Index
　　　（DPIC）　169
　　Derwent World Patents Index
　　　（DWPI）　169
　　Digital Book Index　70
　　Directory of Open Access Journals
　　　（DOAJ）　85

E　EDINET　144
　　e-Gov　68, 146
　　e-Gov 白書等　115
　　e-Gov 法令検索　150
　　e-hon → オンライン書店 e-hon
　　Ei Compendex　80
　　Embase　80
　　Encyclopedia.com　108
　　ERDB-JP　85
　　ERIC　78
　　Espacenet　168
　　e-Stat → 政府統計の総合窓口（e-Stat）
　　Europeana　70
　　Explore the British Library　65
F　Free eBooks Project Gutenberg　69
G　Gale In Context：Biography　138
　　Google　44
　　Google Scholar　78
　　Google 画像検索　51
　　Google ニュース　91
　　Google ブックス　69
　　Google マップ（Japan）　129
　　goo 辞書　108
　　G-Search データベースサービス
　　　　　　　　　　　　148
H　Hathi Trust Digital Library　69
　　HeinOnline　162
　　honto　64
　　Honya Club.com → オンライン書店
　　　Honya Club.com
　　HYPAT-i2　169
I　IFI Comprehensive Database（IFI-
　　ALL）　169

IMSLP Petrucci Music Score Library
　Project　**70**
InCites Journal Citation Reports　80
Index to Foreign Legal Periodicals
　　　　　　　　　　　　　163
Index to Legal Periodicals & Books
　　　　　　　　　　　　　162
Infoplease　**108**
INFOSTA メールマガジン　**41**
INPADOC　**169**
INSPEC　**80**
IRDB → 学術機関リポジトリデータ
　ベース(IRDB)
ITmedia NEWS　**91**
J　JAPAN/MARC データ　**65**
　JapanKnowledge　70, **102**
　J-GLOBAL 科学技術用語　**106**
　J-GoodTech(ジェグテック)　**144**
　J-PlatPat → 特許情報プラットフォー
　　ム(J-PlatPat)
　JP-NET　**169**
　JP-NET Web　**169**
　J-STAGE　**84**
　J-STORE　**167**
　JSTPlus　**80**
K　KAKEN　75
L　Lexis Advance　**162**
　Lexis Nexis ASONE　**162**
　Library of Congress Online Catalog
　　　　　　　　　　　　　65
　LISTA　**80**
M　MagazinePlus　**76**
　Mapion　**129**
　MARPAT　**169**
　McGraw-Hill Encyclopedia of World
　　Biography　136
　MEDLINE　79

MSD マニュアル　**106**
N　NDL ONLINE → 国立国会図書館オ
　ンライン(NDL ONLINE)
　NDL Search → 国立国会図書館サー
　チ(NDL Search)
O　OneLook Dictionary Search　**109**
P　PATENTSCOPE　**168**
　PatentSQUARE　**169**
　Premium atlas(プレミアムアトラス)
　世界地図帳　**128**
　Premium atlas(プレミアムアトラス)
　日本地図帳　**128**
　PsycINFO　**80**
　PubMed　**78**
R　researchmap　**140**
　Ritlweb　**45**
S　Science Citation Index　79
　Scopus　**80**
　Social Sciences Citation Index　79
　SRPARTNER　**169**
T　The Europa World of Learning　**146**
　The Literatures of the World in Eng-
　　lish Translation: A Bibliography
　　　　　　　　　　　　　67
　TKC ローライブラリー　**162**
U　Ulrich's Periodicals Directory　**82**
　Ulrichsweb　82
　Unihan Database Search Page　**98**
V　Vpass 重要判例検索サービス　**162**
W　WARP → 国立国会図書館インター
　ネット資料収集保存事業(WARP)
　Wayback Machine　**48**
　Web NDL Authorities　57
　Web of Science　**79**
　Web 情報資源集　**36**
　Webcat Plus　**59**
　Weblio 辞書　**107**

Westlaw Japan **162**

WestlawNext **162**

Whitaker's Almanack **115**

Who Was Who in America **139**

Who's Who in the World **138**

WhoPlus **148**

Wikipedia(日本語) **103**

World Almanac and Book of Facts
114

World Digital Library **70**

World Guide to Libraries **147**

WorldCat **62**

Y Yahoo! 地図 **129**

Yahoo! ニュース **91**

Yahoo! ファイナンス **143**

[シリーズ監修者]

高山正也 前国立公文書館館長
たかやままさや 慶應義塾大学名誉教授

植松貞夫 前跡見学園女子大学文学部教授
うえまつさだお 筑波大学名誉教授

[編集責任者・執筆者]

原田智子（はらだ・ともこ）

学習院大学理学部化学科卒業
慶應義塾大学大学院文学研究科図書館・情報学専攻修士課程修了
（財）国際医学情報センター業務部文献調査課長，産能短期大学教授，鶴見大学文学部教授，鶴見大学寄附講座教授を経て
現在　鶴見大学名誉教授
主著　『三訂 情報検索演習』（編著）樹村房，『改訂 レファレンスサービス演習』（共著）樹村房，『情報アクセスの新たな展開』（分担執筆）勉誠出版，『三訂 情報サービス演習』（編著）樹村房，『改訂 情報サービス論』（編著）樹村房，『図書館情報学基礎資料 第3版』（共著）樹村房，『プロの検索テクニック 第2版』（編著）樹村房，『検索スキルをみがく 第2版』（編著）樹村房，ほか

[執筆者]

江草由佳（えぐさ・ゆか）

図書館情報大学図書館情報学部図書館情報学科卒業
図書館情報大学大学院図書館情報学研究科修士課程修了
筑波大学大学院図書館情報メディア研究科博士（情報学）
国立教育政策研究所 研究員，主任研究官を経て
現在　国立教育政策研究所研究企画開発部 教育研究情報推進室 総括研究官
情報知識学会理事，鶴見大学文学部非常勤講師
主著　『三訂 情報検索演習』（共著）樹村房，『三訂 情報サービス演習』（共著）樹村房

小山憲司（こやま・けんじ）

中央大学文学部社会学科卒業
中央大学大学院文学研究科社会情報学専攻修士課程修了
中央大学大学院文学研究科社会情報学専攻博士後期課程単位取得退学
東京大学附属図書館，同情報基盤センター，国立情報学研究所，三重大学人文学部准教授，日本大学文理学部教授を経て
現在　中央大学文学部教授
主著　『三訂 情報サービス演習』（共著）樹村房，『改訂 図書館情報資源概論』（共著）樹村房，『図書館情報学基礎資料 第3版』（共編者）樹村房，『ラーニング・コモンズ』（共編訳）勁草書房，『ビッグデータ・リトルデータ・ノーデータ』（共訳）勁草書房，ほか

現代図書館情報学シリーズ…7

三訂 情報サービス演習

2012年 6 月29日	初版第 1 刷発行
2015年 9 月16日	初版第 5 刷
2016年12月 5 日	改訂第 1 刷発行
2019年 6 月21日	改訂第 3 刷
2021年 3 月31日	三訂第 1 刷発行
2021年12月22日	三訂第 2 刷

著　者ⓒ　原　田　智　子

江　草　由　佳

小　山　憲　司

〈検印廃止〉　　　　　発 行 者　　大　塚　栄　一

発 行 所　　株式会社　**樹村房**　JUSONBO

〒112-0002

東京都文京区小石川5-11-7

電　話　　03-3868-7321

ＦＡＸ　　03-6801-5202

振　替　　00190-3-93169

https://www.jusonbo.co.jp/

印刷　亜細亜印刷株式会社

製本　有限会社愛千製本所

ISBN978-4-88367-337-7　乱丁・落丁本は小社にてお取り替えいたします。

高山正也・植松貞夫　監修　　現代図書館情報学シリーズ

［全12巻］

各巻Ａ５判　初版・改訂版 本体2,000円（税別）／三訂版 本体2,100円（税別）

▶本シリーズの各巻書名は，平成21（2009）年4月に公布された「図書館法施行規則の一部を改正する省令」で新たに掲げられた図書館に関する科目名に対応している。また，内容は，「司書資格取得のために大学において履修すべき図書館に関する科目の在り方について（報告）」（これからの図書館の在り方検討協力者会議）で示された〈ねらい・内容〉をもれなくカバーし，さらに最新の情報を盛り込みながら大学等における司書養成課程の標準的なテキストをめざして刊行するものである。

1	改訂 図書館概論	高山正也・岸田和明／編集
2	図書館制度・経営論	糸賀雅児・薬袋秀樹／編集
3	図書館情報技術論	杉本重雄／編集
4	改訂 図書館サービス概論	高山正也・村上篤太郎／編集
5	改訂 情報サービス論	山﨑久道・原田智子／編集
6	児童サービス論	植松貞夫・鈴木佳苗／編集
7	三訂 情報サービス演習	原田智子／編集
8	改訂 図書館情報資源概論	岸田和明／編集
9	三訂 情報資源組織論	田窪直規／編集
10	三訂 情報資源組織演習	小西和信・田窪直規／編集
11	図書・図書館史	佃　一可／編集
12	図書館施設論	植松貞夫／著

樹 村 房